Les cahiers d'écriture

Hiéroglyphes
Les bases

Jean-Pierre Guglielmi

Sommaire

INTRODUCTION 4
À qui s'adresse ce cahier d'écriture ? 4
Comment apprendre à tracer les hiéroglyphes ? 4
Aperçu historique de la langue égyptienne 5
Les écritures de l'Égypte ancienne 6
Le système hiéroglyphique 6
    Les signes hiéroglyphiques : des images et des sons 6
    Les hiéroglyphes gravés 8
    Les hiéroglyphes linéaires 9
    Les écritures cursives 10
    Le démotique 11
L'égyptien alphabétique : le copte 11

DESSINS PAS À PAS 13
Les signes alphabétiques (unilitères) 13
    Exercice pratique : les signes alphabétiques 15
Les autres signes de la classification Gardiner 16
    Organisation de la planche des signes 16

TABLEAU DES SIGNES 92

EXERCICES D'ÉCRITURE 113
    Exercice d'écriture horizontale : de gauche à droite 113
    Exercice d'écriture horizontale : les nombres 117
    Exercice d'écriture horizontale : de droite à gauche 118
    Exercice d'écriture verticale 120

ÉCRIRE SON NOM 122

SOLUTIONS 126

BIBLIOGRAPHIE 127

Introduction

À qui s'adresse ce cahier d'écriture ?

Tous ceux qui se lancent dans l'étude de l'égyptien ancien éprouvent d'emblée le besoin de savoir tracer au crayon ou au stylo les hiéroglyphes qu'ils apprennent. Pouvoir recopier correctement, à la main, des mots, des lignes, des colonnes ou des cartouches (noms royaux) à partir des monuments s'avère nécessaire, mais parfois difficile. Ce cahier a été conçu pour surmonter la barrière de l'écrit, ou plutôt du dessin ; il s'adresse au débutant ainsi qu'à toute personne déjà avancée dans l'étude de l'égyptien hiéroglyphique et qui désire améliorer sa graphie.

Comment apprendre à tracer les hiéroglyphes ?

On compte plusieurs centaines de hiéroglyphes, il suffit cependant de connaître les principales formes de base pour pouvoir ensuite dessiner à peu près n'importe quel signe. Un grand nombre d'entre eux ont des formes géométriques simples et ne présentent guère de difficultés, mais une centaine, comptant en particulier des personnages, des oiseaux et des mammifères, nécessite plus d'efforts. Les signes imprimés servent normalement de modèle et peuvent être abrégés, surtout lorsqu'il s'agit d'acquérir de la vitesse.

Pour mémoriser le tracé, ce cahier d'écriture vous propose une série d'exercices pratiques. Chaque signe imprimé est reproduit sous forme de lignes schématiques avec un exemple de progression. Une grille guidée permet ensuite de s'entraîner directement sur la page du cahier. Selon les besoins et les habitudes, plusieurs niveaux de simplifications sont possibles ; c'est pourquoi vous trouverez çà et là des exemples de tracés rapides et simplifiés. Le degré de simplification et l'ordre des traits restent libres ; l'essentiel est de respecter les proportions et l'agencement des signes et de conserver les détails caractéristiques. Cet entraînement vous apprendra à visualiser la forme schématique du signe et à le reproduire avec un certain automatisme.

Rassurez-vous, les dessins sont à peu près toujours les mêmes, seules varient la taille et l'orientation (gauche à droite ou inversement). Il est important enfin de savoir écrire dans les deux sens : des exercices sont prévus pour vous exercer.

INTRODUCTION

a   b   c   d

Bovidé (E1) : a. hiéroglyphe gravé – b. caractère typographique – c. tracé schématique – d. tracé simplifié

Les modèles proposés ici s'inspirent des graphies élégantes et fluides des égyptologues comme A. Gardiner, R. Faulkner, A. Blackman, K. Sethe, W. Erichsen (pour sa calligraphie dans le fameux dictionnaire d'Adolf Erman et Hermann Grapow), sans oublier Jean-François Champollion lui-même (pour les autres sources, voir la bibliographie p. 127). Même si leurs dessins s'inspirent parfois des hiéroglyphes linéaires des scribes, ils restent néanmoins une façon moderne de représenter l'ancienne écriture.

Aperçu historique de la langue égyptienne

L'égyptien est proche à la fois des langues sémitiques, parmi lesquelles figurent le phénicien, l'hébreu ou l'arabe, et des langues du nord-est de l'Afrique. On peut suivre son évolution depuis les premiers écrits, au IIIe millénaire avant J.-C., jusqu'au Moyen Âge (XIe siècle).

On distingue, dans l'histoire de la langue, cinq étapes qui peuvent être regroupées en deux grandes phases : la première phase comprend **l'ancien égyptien,** qui couvre tout l'Ancien Empire (entre 2700 et 2200 av. J.-C.), puis **le moyen égyptien** à partir de la Première Période Intermédiaire (2200 av. J.-C.). Les dates sont indicatives, car l'évolution est progressive, surtout en ce qui concerne la langue parlée qui est moins conservatrice que la langue écrite. Les étapes se chevauchent parfois du fait de la différence d'évolution entre la langue courante et la langue administrative ou littéraire. Le moyen égyptien, ou **égyptien classique,** évolue donc, approximativement, de la Première Période Intermédiaire jusqu'au début de la XVIIIe dynastie (1500 av. J.-C.), à l'aube du Nouvel Empire.

La deuxième grande phase commence par **le néoégyptien ;** celui-ci est en usage du Nouvel Empire à la Troisième Période Intermédiaire (1000 av. J.-C.). Parallèlement à ces changements graduels, le moyen égyptien continue d'être utilisé comme langue classique de référence, à la façon du latin dans l'Europe médiévale : c'est ce que l'on nomme **l'égyptien de tradition.** Le néoégyptien, quant à lui, continue d'évoluer jusqu'au néoégyptien tardif et, à partir de la XXVIe dynastie (600 av. J.-C.), il est remplacé par le **démotique** qui restera en usage jusqu'à la fin de l'époque romaine (Ve siècle ap. J.-C.).

À partir du IIe siècle ap. J.-C., le **copte** s'impose face au démotique dont il constitue la suite naturelle. Toutefois, le copte rompt avec les précédentes étapes sur un point majeur : l'usage de l'écriture alphabétique. Le copte est le troisième et dernier stade historique de la langue. Il sera parlé pendant près d'un millénaire, jusqu'au XVIIe siècle environ. Il est aujourd'hui encore la langue liturgique de l'Église orthodoxe d'Égypte.

INTRODUCTION

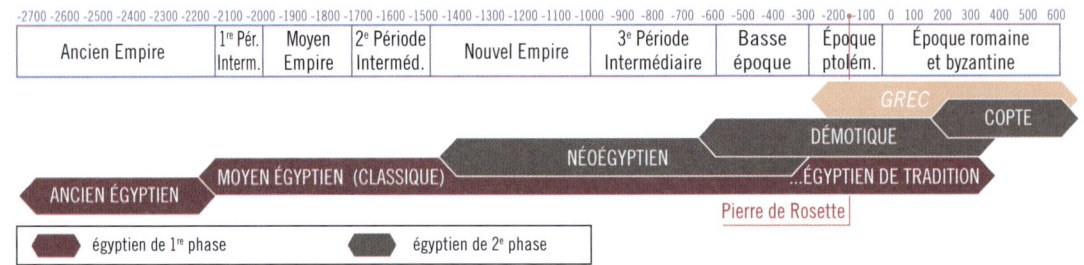

Diagramme de l'évolution de la langue égyptienne et de la présence du grec

Les écritures de l'Égypte ancienne

Au cours de leur histoire plurimillénaire, les Égyptiens ont utilisé successivement deux systèmes d'écriture : **le système hiéroglyphique** d'une part, que l'on observe sur les monuments (temples, stèles, obélisques, tombes royales, etc.) ou sur certains objets délicats de la vie quotidienne (mobilier, bijoux, etc.) puis, à partir de l'ère chrétienne, **le système alphabétique.** Ce dernier finit par supplanter le système hiéroglyphique qui, faute de spécialistes pour s'en servir et le transmettre, finit par tomber dans l'oubli. Il faut attendre le début du XIXe siècle pour qu'une poignée de savants tente de résoudre l'énigme du déchiffrement grâce notamment au texte bilingue (égyptien et grec) et en trois écritures de la pierre de Rosette qui fut découverte dans le delta du Nil, en 1799. C'est finalement Jean-François Champollion qui trouve la clé du mystère en 1822, grâce à son génie, à son acharnement et à son excellente connaissance des langues orientales dont le copte.

Le système hiéroglyphique

On doit le mot hiéroglyphe aux Grecs qui l'ont eux-mêmes adapté de l'égyptien *śš nj mdw-nṯr* [sech ny medou netcher] *écriture des paroles divines* (du grec ἱερό [hiéro] *sacré* et γλυφή [glyphē] *lettre ciselée*). Ce type d'écriture était réservé aux inscriptions soignées figurant sur les monuments et sur les objets précieux. Toutefois, contrairement à ce qu'ont pu observer les Grecs à une époque tardive dans l'histoire égyptienne, les hiéroglyphes gravés ou peints pouvaient reproduire des textes profanes.

Les signes hiéroglyphiques : des images et des sons

Le système hiéroglyphique repose sur trois catégories de signes : **les idéogrammes** (« signes-mots »), **les phonogrammes** (ou « signes-sons ») et **les déterminatifs** (ou « signe-catégorie »). Certains signes hiéroglyphiques ne relèvent que d'une catégorie à la fois, d'autres peuvent jouer plusieurs rôles selon les cas. Il faut noter que la valeur phonétique des deux premières catégories (idéogrammes et phonogrammes) n'est que consonantique ; c'est-à-dire que l'égyptien hiéroglyphique ne notait pas les voyelles, à l'instar de l'arabe et de l'hébreu.

INTRODUCTION

Les idéogrammes ou **logogrammes**, c'est-à-dire «signes-mots» (du grec ιδέα [idéa] *forme*; λόγο [logo] *mot* et γράμμα [gramma] *lettre*) ont schématiquement l'aspect de ce qu'ils représentent. Ils se suffisent à eux-mêmes pour noter un mot: ✶ *sbꜣ* [seba] *étoile*; ⌐⌐ *pr* [pèr] *maison* (représente le plan schématique d'une maison); 〰 *mw* [mou] *eau*; ☉ *rꜥ* [râ] *soleil*; ⌒ *rꜣ* [ra] *bouche*; ⋀ *iw* [iou] *venir*; 𓀉 *śmśw* [semesou] *être vieux*; 𓁶 *tp* [tep] *tête*. Les idéogrammes comme 𓁶 *tp* [tep] *tête*, qui prêtent leur racine consonantique ou phonétique aux dérivés construits sur la même racine comme 𓁶𓏤 *tpj* [tepi] *premier* («qui est en tête»), sont appelés **signes-racines phonétiques.**

Les phonogrammes

Les phonogrammes (du grec γράμμα [gramma] *lettre* et φωνή [phonê] *voix*), ou «signes-sons», ont emprunté aux idéogrammes le dessin et le son (consonnes) – ou une partie du son –, mais ils ont abandonné le sens du signe d'origine pour ne plus conserver que la valeur purement phonétique. C'est, en quelque sorte, le principe du rébus. Les phonogrammes représentent donc un son consonantique ou une séquence de deux ou trois consonnes: les unilitères (une consonne), les bilitères (deux consonnes) et les trilitères (trois consonnes).

Vingt-quatre unilitères forment une sorte d'alphabet représentant (presque) tous les sons de l'égyptien. Il n'y a pas de signe hiéroglyphique pour noter le son [L]. Il faut attendre une époque tardive pour voir apparaître une transcription spécifique (néoégyptien tardif, démotique et copte).

	ꜣ		i, j		ꜥ		w		b		p
	f		m		n		r		h		ḥ
	ḫ		ẖ		s		ś		š		ḳ
	k		g		t		ṯ		d		ḏ

Certains de ces unilitères possèdent une variante graphique dont l'usage dépend du support d'origine du texte ou de l'époque de sa composition :

\\ pour 𓏭 *j*; et 𐎂 pour 𓅯 *w*; ⎯ pour 𓅓 *m*; 𓈖 pour 〰 *n*.

Exemples de bilitères et de trilitères (les *e* se lisent librement *é* ou *è*):

𓃀 *bꜣ* [ba]   𓅮 *pꜣ* [pa]   𓊵 *ḫn* [khen]   𓂞 *di* [di]   𓆰 *mś* [mess]

𓋹 *ꜥnḫ* [ankh]   𓊹 *nṯr* [netcher]   𓄛 *ḏśr* [djesser]   𓄤 *nfr* [nefer]   𓆣 *ḫpr* [kheper]

INTRODUCTION

Comment lire la translittération ?

On lit par convention les suites de consonnes en intercalant un *é* ou un *è* et en transformant certaines consonnes (gutturales et semi-consonnes) en *a*, *ou* et *i*.

ꜣ et ꜥ = [a]   ỉ et j = [i]   w = [ou, w]   h = [h]   ḥ = [h] fortement expiré

s et ś = [ss]   š = [ch]   ḳ et k = [k]   ṯ = [tch]   ḏ = [dj]

g = [g] toujours dur comme dans **g**are ou **gu**erre

ḫ = [ch] guttural « dur » comme dans l'allemand A**ch**tung ; il sera noté [kh]

ẖ = [ch] guttural « doux » comme dans l'allemand *i**ch*** ; il sera noté [kh] par commodité

Les phonogrammes compléments phonétiques

Les idéogrammes peuvent être accompagnés de consonnes (phonogrammes) qui reprennent la dernière ou les deux dernières consonnes du groupe ; on nomme ces consonnes de rappel : compléments phonétiques. Les signes phonétiques racines, les bilitères et les trilitères sont plus généralement accompagnés de compléments phonétiques. Dans cet emploi, les phonogrammes sont des auxiliaires de lecture : ⌐ *s*, ⌐ *b* et ⌐ ꜣ dans ⌐⌐⌐ ★ *sbꜣ* [seba] *étoile* ; ▢ *p* et ⌐ *t* dans ⌐⌐ *p·t* [pet] *ciel* ; ⌐ *r* dans ⌐ *ḫpr* [khéper] *devenir* ou ⌐ *n* et ⌐ *ḫ* dans ⌐⌐ *ꜥnḫ* [ânkh] *vie, vivre*. Si le mot est féminin, l'idéogramme ou le groupe de consonnes peut être suivi de la terminaison ⌐ *·t* qui marque le féminin : ⌐ *ỉr·t* [iret] *œil*.

Les déterminatifs

Les déterminatifs, ou « signe-catégorie », sont des signes muets facultatifs qui, placés en fin de mot, permettent de distinguer des homophones. Ils se placent après la marque du féminin *·t* et du pluriel *·(w)* / *·(w)t*. Le mot ⌐⌐⌐ *dp·t* [depet] *bateau* est composé de quatre signes dont trois ont une valeur phonétique, ceux-ci sont des phonogrammes : ⌐ *d* ; ▢ *p* et ⌐ *t* et ⌐ est le déterminatif indiquant à quelle catégorie le mot se rapporte. Ici, l'idéogramme ⌐ *bateau* est employé comme déterminatif pour toute activité liée à la *navigation*. Le déterminatif est d'autant plus nécessaire que l'écriture hiéroglyphique ne note pas les voyelles et que le nombre d'homophones est considérable.

Les hiéroglyphes gravés

Un simple coup d'œil sur une paroi couverte de hiéroglyphes permet de constater que les signes sont positionnés les uns par rapport aux autres pour former un ensemble harmonieux. Dans chaque mot, les signes hiéroglyphiques sont imbriqués de façon à former un ensemble harmonieux évitant les espaces vides et remplissant une suite de carrés ou de rectangles invisibles (« cadrats »).

Lorsque plusieurs signes sont superposés, on les lit de haut en bas. Quant au sens de l'écriture, il suffit d'observer les signes animés (humains, mammifères, oiseaux, etc.), ils regardent toujours vers le début de la ligne.

INTRODUCTION

Ainsi, dans le mot ⟨...⟩ *wbn* [ouben] *se lever* (en parlant du soleil), l'ordre de la lecture est ⟨...⟩ *w*, ⟨...⟩ *b*, ⟨...⟩ *n* et enfin le déterminatif (muet) ☉ du *disque solaire* symbolisant ce qui se rapporte *au soleil, au jour, au temps* ou à *la lumière* :

Les textes peuvent donc s'écrire horizontalement (de gauche à droite ou inversement) ou bien en colonne. Voici un exemple de disposition de la titulature royale de Ramsès III dans le temple de Medinet Habou (Haute Égypte) ; les deux noms du roi sont dans des cartouches et font face au centre où se trouve le signe ☥ :

Le nom de naissance (⟨...⟩ *s3-rˁ* [sa-Râ] *fils de Rê*) est à gauche du signe ☥ et se lit de droite à gauche. Le prénom (ou nom d'intronisation) est à droite ; il se lit de gauche à droite ⟨...⟩ (les êtres animés regardant toujours en direction du début du texte) :

- vers la droite : *ˁnh(·w) nṯr nfr wsr-m3ˁt-rˁ mrj-ỉmn* [ânkhou netcher nefer Ousser-Maât-Ra-Mery-Imen] *Qu'il soit vivant, le dieu parfait, Ouser-Maât-Rê Meryamon* (littéralement : Puissante-est-la-justice-de-Rê Aimé-d'Amon) ;
- vers la gauche : *ˁnh(·w) s3-rˁ rˁ-ms-sw ḥk3-ỉwnw* [ânkhou sa-Râ Râ-mes-sou heka-Iounou] *Qu'il soit vivant, le Fils de Rê, Ramsès* (littéralement : Rê-l'a-engendré), *Gouverneur d'Héliopolis*.

Il faut, pour fixer ces textes durablement, le concours de scribes, de sculpteurs et souvent de peintres ; c'est une écriture luxueuse.

L'écriture hiéroglyphique compte plusieurs centaines de signes. Elle a été utilisée durant toute l'histoire de l'Égypte pharaonique, soit plus de 3 000 ans. Si le nombre de signes utilisés a varié dans le temps, de plusieurs centaines à plusieurs milliers à la période ptolémaïque, l'aspect général des signes n'a que peu évolué.

Les hiéroglyphes linéaires

À côté de cette « calligraphie monumentale », il existe un style plus sobre permettant une écriture rapide. Sur le stuc recouvrant les parois des tombes ou sur les papyrus, les scribes tracent à la peinture ou à l'encre des hiéroglyphes simplifiés. Ils réduisent le nombre de traits, mais veillent à ce que le signe reste parfaitement identifiable. Moins prestigieux que leurs équivalents ciselés et décorés, ces hiéroglyphes linéaires constituent un premier niveau de simplification. Ils sont orientés et agencés dans les mêmes conditions que ceux de l'écriture gravée : horizontalement ou en colonne.

INTRODUCTION

Voici une formule d'offrande en hiéroglyphes linéaires et sa transcription typographique :

ḫ·t nb·t nfr·t wʿb·t ʿnḫ·w nṯr ỉm=śn [khet nebet neferet wâbet ânkhou netcher im-sen]

= Toutes sortes d'offrandes bonnes et pures dont vit la divinité.

Les écritures cursives

Les hiéroglyphes linéaires ne conviennent toutefois pas à l'usage courant. Ainsi, dans le domaine privé ou administratif (correspondance, contrats, textes littéraires, magiques ou médicaux) on emploie une graphie cursive à l'encre ou au pinceau (calame) sur différents types de supports ; les plus communs étant le tesson de poterie (ostracon), l'éclat de calcaire ou le papyrus, plus coûteux. Cette écriture cursive a évolué au fil du temps. La simplification du tracé, les ligatures (liens entre les signes) et la vitesse ont produit des signes dont l'aspect s'est rapidement éloigné de la forme calligraphiée au point d'être méconnaissable.

Le hiératique

Le hiératique est la première écriture cursive ; elle apparaît en même temps que les hiéroglyphes. Le mot hiératique vient de l'adjectif grec ἱερατικός qui signifie *sacerdotal* (même racine ἱερό [hiéro-] *sacré* que dans *hiéroglyphe*). Là encore, ce terme vient de l'observation des Grecs à partir du viie siècle av. J.-C. En hiératique, le tracé est réduit à quelques lignes simples et certains signes forment des groupes avec ligatures (exemple ci-dessous).

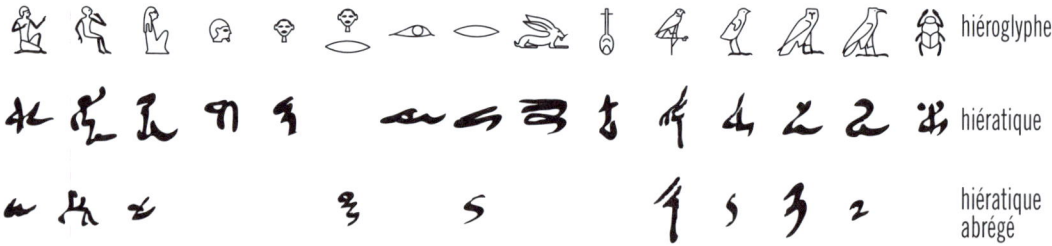

Le hiératique suit des codes et des conventions pour permettre aux scribes d'échanger leurs textes et garantir leur lisibilité. Les premiers témoignages du hiératique remontent à la iiie dynastie (vers 2600 av. J.-C.). C'est ainsi que, pendant plus de 2000 ans, le hiératique a été la forme manuscrite courante de l'égyptien dans presque tous les domaines de l'écrit. D'abord écrite verticalement, l'orientation change vers la xiie dynastie et le hiératique s'écrit le plus souvent horizontalement et toujours de droite à gauche.

Le démotique

Vers le VIIe siècle av. J.-C., avec l'évolution de la langue un style plus cursif encore que le hiératique voit le jour dans la région du Delta : il s'agit de l'écriture démotique (ou enchoriale). Le terme « démotique » signifie en grec *populaire* (δημοτικός) par opposition à l'usage monumental et sacré des hiéroglyphes d'une part, et, d'autre part, pour le distinguer de l'usage sacerdotal du hiératique, car c'est ainsi que les Grecs en avaient constaté l'usage à la Basse Époque.

L'autre terme utilisé, « enchorial », est également emprunté au grec *enkhôrios* (ἐγχώριος) et se réfère au caractère national ou local, c'est-à-dire proprement égyptien de l'écriture. Le terme égyptien désignant cette cursive est, quant à lui, *sḫ (n) šʿ·t* [sekh-(en)-chât] c'est-à-dire *l'écriture des documents* ou de *la correspondance*; en démotique et en hiéroglyphes : ⟨⌐⌐⌐. Le démotique, qui note essentiellement le stade de la langue du même nom, remplace le hiératique dans l'usage quotidien et officiel. Son orientation est exclusivement horizontale, de droite à gauche.

Les écritures cursives suivent globalement le même principe que l'écriture hiéroglyphique et, théoriquement, il est possible de transcrire un texte cursif en hiéroglyphes. C'est d'ailleurs ce que font les éditions modernes lorsqu'elles éditent un texte littéraire transmis en hiératique par exemple. Le démotique, quant à lui, n'était qu'exceptionnellement retranscrit en signes hiéroglyphiques, même si le principe de l'écriture restait fondamentalement le même. Le démotique est l'une des trois écritures de la pierre de Rosette qui servit au déchiffrement entre 1799 et 1822. Le décret de Ptolémée V, dit « décret de Memphis » (196 av. J.-C.), qui figure sur cette stèle, est écrit en trois écritures : hiéroglyphique, démotique et grecque.

L'égyptien alphabétique : le copte

Avec le triomphe du christianisme, les Égyptiens abandonnèrent l'écriture hiéroglyphique, liée à la culture pharaonique (païenne), et lui substituèrent un système entièrement alphabétique. L'alphabet copte est basé sur l'alphabet grec des IIe-IIIe siècles ap. J.-C., augmenté de quelques signes issus du démotique pour noter des sons inconnus du grec d'alors : ⲱ [ch], ϥ [f], ϩ [H], ⲭ [dj], ϭ [tch] et ϯ [ti]. Le copte, qui emprunte aussi du vocabulaire au grec, alors langue de l'Empire d'Orient et des Évangiles, note désormais les voyelles. Cette notation phonétique laisse apparaître des variantes dialectales que le démotique pouvait masquer ; on distingue six dialectes. Le terme « copte » vient de *qoubti*, mot arabe dérivé du grec *aïguptos* (αἴγυπτος) qui signifie « égyptien ».

INTRODUCTION

Du démotique au copte

Le tableau ci-après présente quelques mots écrits en démotique avec leur équivalent hiéroglyphique (lecture de droite à gauche pour les deux) et copte (lecture de gauche à droite) : *śḏm* écouter ; *ḫpr* devenir ; *rwhꜣ* soir ; *mśỉ* enfanter ; *mḥ* remplir ; *ršj* se réjouir ; *dmỉ* village.

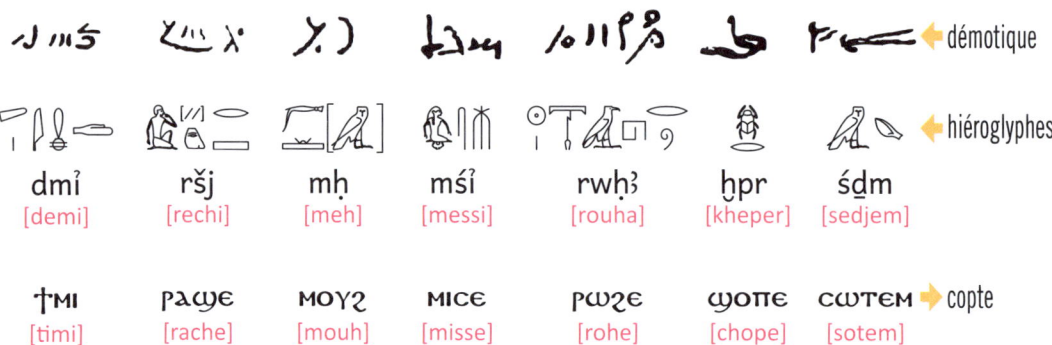

La prononciation (figurée en rose) est conventionnelle (artificielle) pour le démotique et le hiéroglyphique puisqu'on ne connaît pas la vocalisation exacte, c'est-à-dire la qualité et la place des voyelles. Pour le copte, la prononciation indiquée est fidèle, car l'alphabet note les voyelles (ⲁ [a] ⲉ [è] ⲟⲩ [ou] ⲓ [i] ⲟ et ⲱ [o]). Plusieurs indices issus de la graphie démotique (notation syllabique, semi-voyelles, etc.) permettent de conclure que la prononciation du démotique des IIe-IIIe siècles ap. J.-C. devait être très proche du copte, voire identique dans nombre de cas.

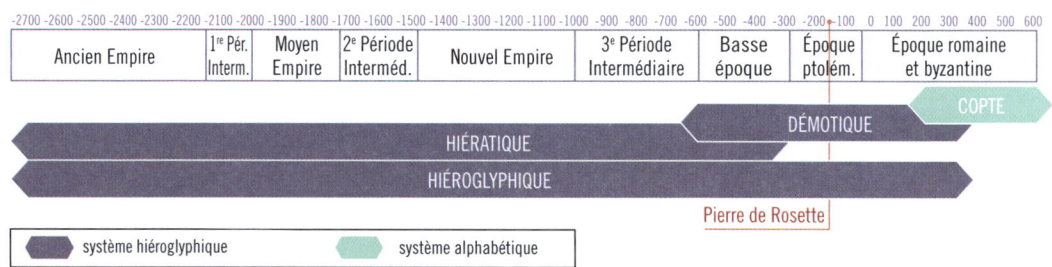

Diagramme de l'évolution des écritures égyptiennes

Dessins pas à pas

Les exercices d'écriture se présentent en deux parties : la première est consacrée aux signes dits « alphabétiques », ce sont aussi les plus fréquents, et la seconde partie est consacrée à une sélection de plus de 150 signes de la classification Gardiner. Le choix s'est porté sur les signes les plus fréquents et les plus délicats à dessiner.

Le *Tableau des signes* p. 92 présente l'inventaire de la classification Gardiner et permet de retrouver ceux qui font l'objet d'un entraînement au dessin.

Les signes alphabétiques (unilitères)

Vingt-quatre phonogrammes unilitères, représentant un seul son consonantique, forment une sorte d'alphabet permettant de noter (presque) tous les sons de l'égyptien (voir *Les Phonogrammes* p. 7). Les premières cases suggèrent, en gris foncé, les traits à tracer en premier. Les signes G1, D36, G43, D58, I9, G17, F32, D46 et I10 sont également repris dans la seconde partie, certains avec des variantes.

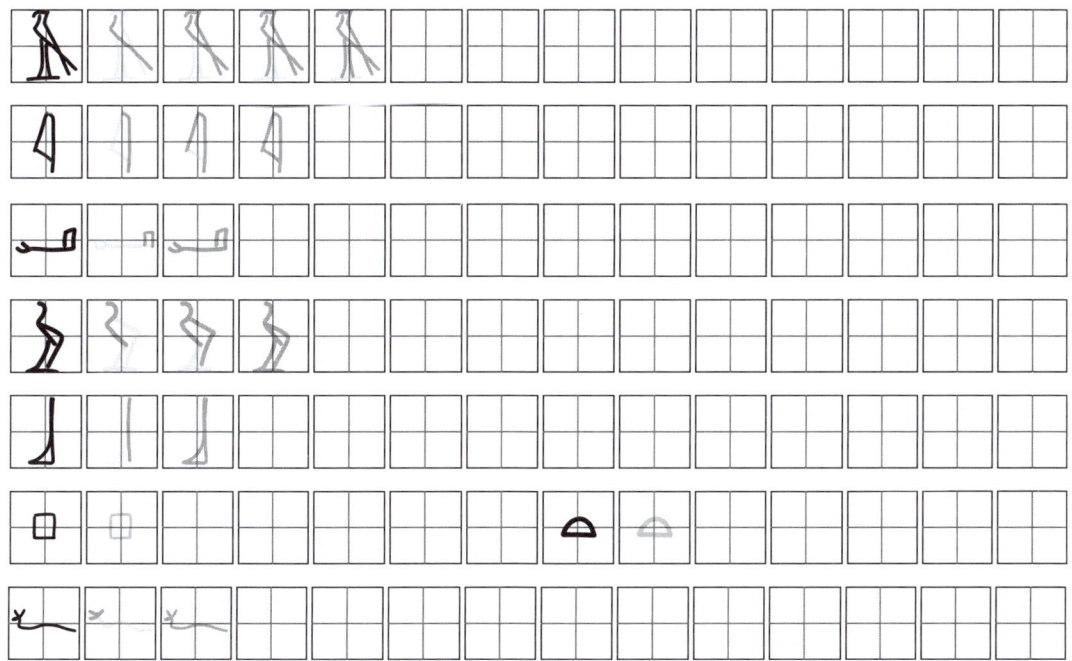

DESSINS PAS À PAS

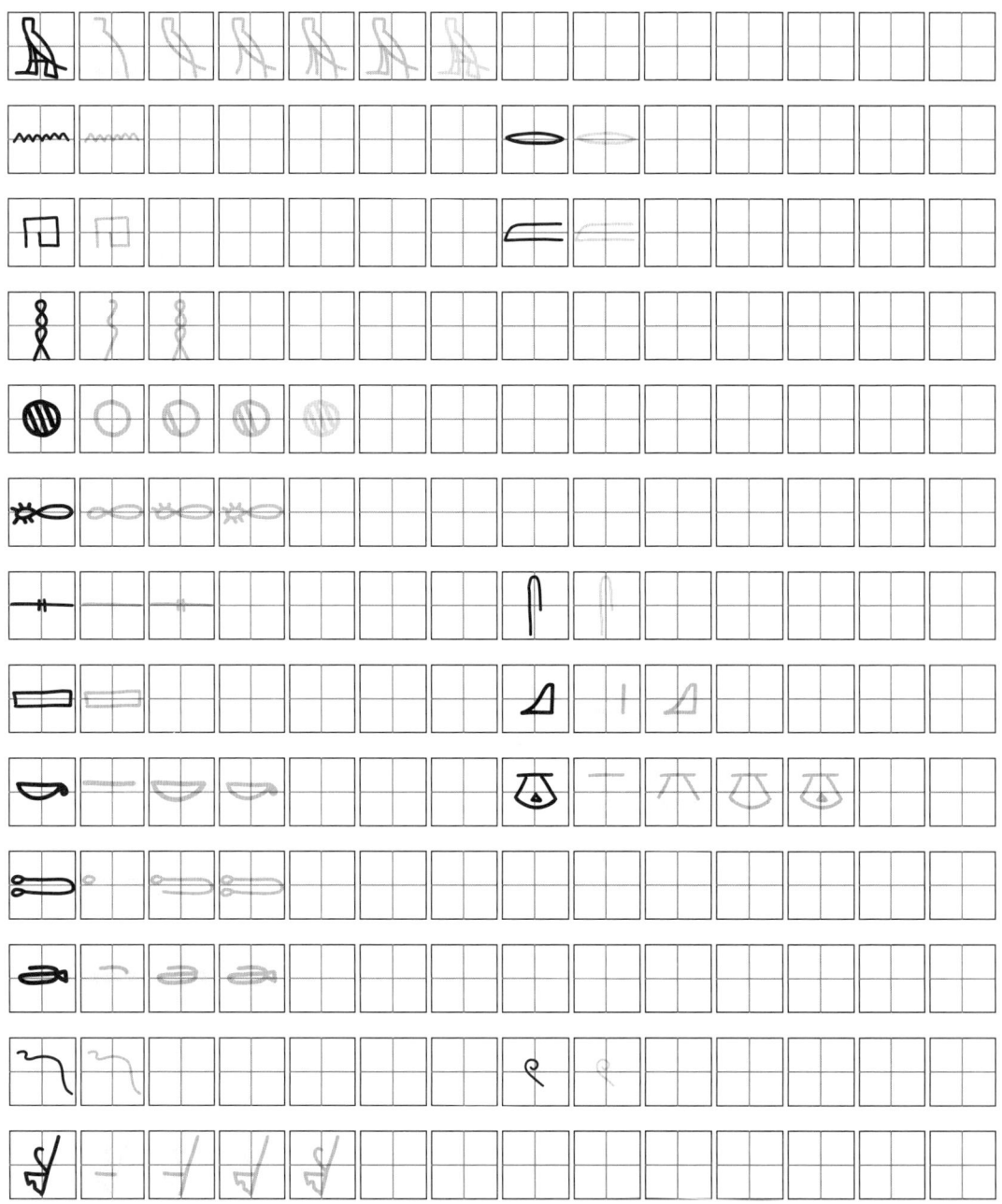

DESSINS PAS À PAS

Exercice pratique : les signes alphabétiques

Cette page vous permet de vous entraîner en recopiant chaque mot (groupe de signes) d'abord en repassant sur le tracé gris, puis sans aide.

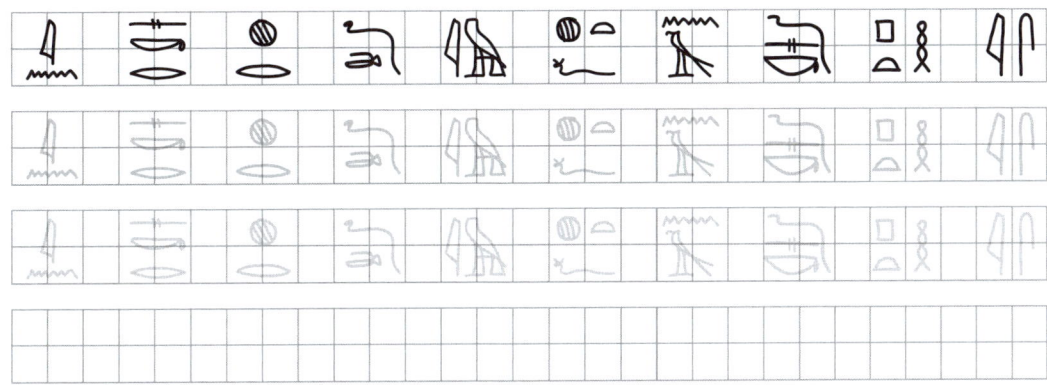

Translittération et traduction de la première ligne : ỉn (ỉ-n) *par*; śkr (ś-k-r) *Sokar* (divinité); ḥr (ḥ-r) *sur*; ḏd (ḏ-d) *dire*; ỉm (ỉ-m) *là, là-bas*; ḫft (à lire dans l'ordre indiqué par les chiffres ḫ-f-t) *conformément à*; nȝ (n-ȝ) *cela*; ḏś=k (ḏ-ś-k) *toi-même*; ptḥ (p-t-ḥ) *Ptah* (divinité); ỉś (ỉ-ś) *certes*.

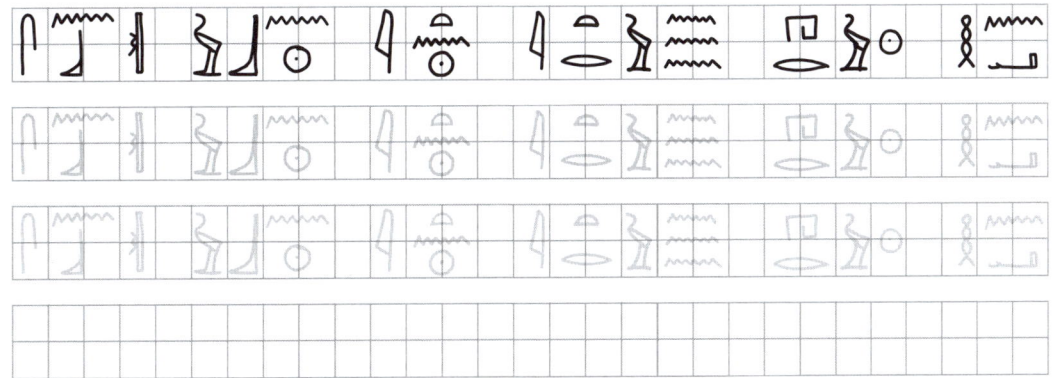

Translittération et traduction de la deuxième ligne : śnb (ś-n-b + dét.) *être en bonne santé*; wbn (w-b-n + dét.) *se lever (soleil)*; ỉtn (ỉ-t-n + dét.) *disque solaire*; ỉtrw (ỉ-t-r-w + dét.) *fleuve*; hrw (h-r-w + dét.) *jour*; hnꜥ (h-n-ꜥ) *avec*. Les déterminatifs (dét.) présents dans cette série ont des formes géométriques faciles à reproduire.

DESSINS PAS À PAS

Les autres signes de la classification Gardiner

Les pages suivantes présentent les signes selon la classification dite de Gardiner avec leur nomenclature par catégorie, de A (l'Homme et ses activités) à Aa (les inclassables).

Pour les critères de sélection des signes ; voir les explications p. 13. Pour une description complète des signes (définitions, emplois, valeurs phonétiques, etc.) voir la bibliographie p. 127.

Organisation de la planche des signes

① Numéro de classification et désignation. Deux signes très voisins peuvent être traités sur la même planche.

② Particularités concernant le dessin et les variantes. Exemple de vocabulaire avec un tracé abrégé. Le tracé abrégé ou cursif est un tracé moderne, même s'il s'inspire parfois de modèles antiques (pour les écritures cursives égyptiennes, voir l'introduction).

③ Étapes de tracé schématique dérivé du caractère typographique. Des flèches indiquant la direction du trait sont parfois ajoutées. Lorsqu'un tracé abrégé est en usage, un exemple est donné en fin de ligne.

④ Grand cadrat avec quadrillage pour s'exercer au tracé schématique. Si le signe occupe un demi-cadrat, il sera placé dans une partie du cadre ce qui permet d'utiliser l'autre moitié comme espace supplémentaire d'entraînement.

⑤ Petit cadrat avec quadrillage pour s'exercer au tracé schématique ou abrégé (cursif). Lorsque l'exécution du tracé abrégé diffère beaucoup du modèle schématique (4), des étapes en gris du tracé abrégé sont proposées.

Exemple :

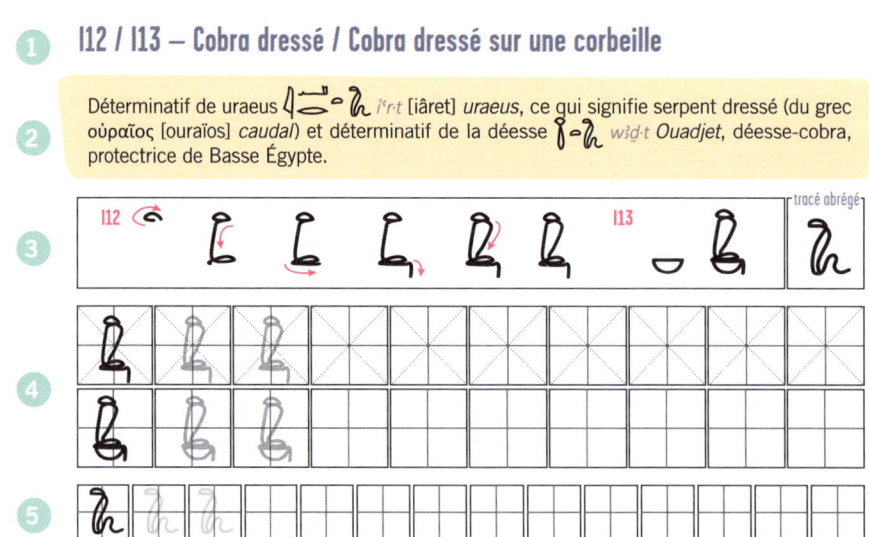

DESSINS PAS À PAS

A1 – Homme assis

La tête de tous les personnages de cette catégorie A est légèrement ovale. La main du A1 est placée de préférence devant le buste. A1 sert de déterminatif dans 𓀀 *ś* [se] *homme* et dans le composé 𓂋𓏏𓀀𓁐 *r(m)t* [remetch] *(les) gens, l'humanité*.

A2 – Homme portant la main à la bouche

Le bras gauche du personnage n'est pas replié et la main droite s'approche de la bouche ; parfois elle la touche. Exemple de tracé abrégé : 𓅓𓂝𓀁 et une variante 𓏌𓂝𓀁 *wnm* [ounem] *manger*.

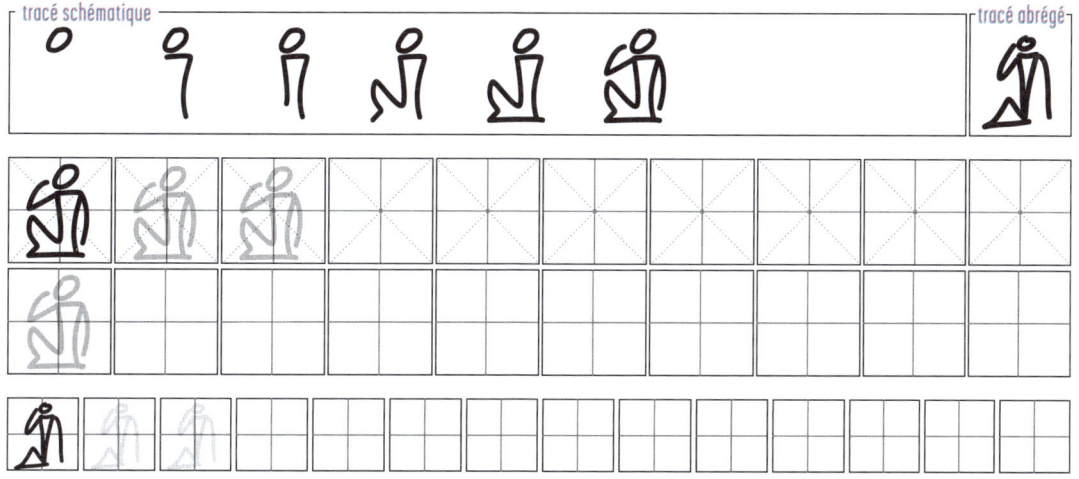

DESSINS PAS À PAS

A3 – Homme, un genou à terre

À la différence du A1, dont les deux pieds sont à plat sur le sol, le A3 pose un genou à terre et le talon sous les fesses. Ce signe est parfois remplacé par A7, A17 ou A50 (voir ci-après). Exemple : ḥmsỉ [hemessi] *s'asseoir, être assis*.

A4 – Homme assis, les bras tendus

La base de ce signe est le A1, mais ici les deux bras sont levés vers l'avant dans l'action de supplier : dwȝ [doua] *prier*. Il remplace parfois le signe A5 (voir ci-après) et prend alors le sens de *(se) cacher* ỉmn [imen].

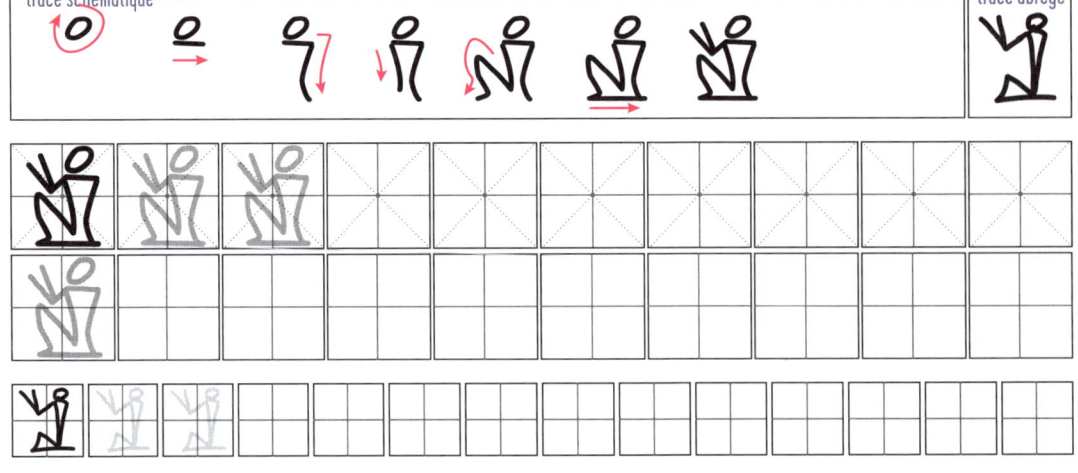

DESSINS PAS À PAS

A5 – Homme se cachant derrière un mur

Le personnage est caché dans un coin, derrière un mur (le plan est vu de dessus). Dans les graphies cursives, le personnage est presque toujours formé sur le modèle A4. Déterminatif de *cacher* : *imn* [imen] *(se) cacher*.

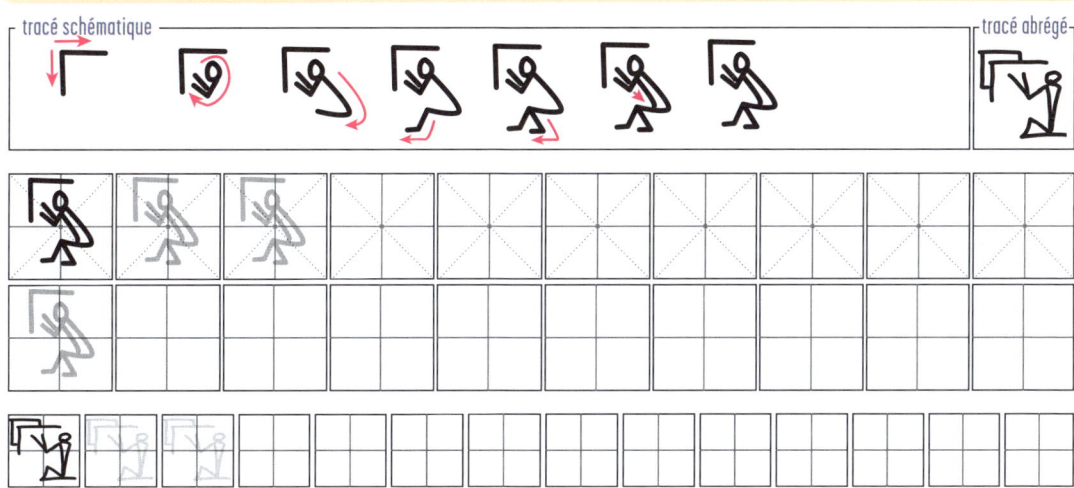

A7 – Homme affalé sur le sol

Le trait caractéristique du A7 est une jambe avancée (plus que pour le A3), l'autre repliée et les deux bras détendus, longeant le corps : *wrd* [oured] *être fatigué* ; *nnj·w* [neniou] *(les) morts* (ceux qui sont inertes).

DESSINS PAS À PAS

A9 – Homme portant une corbeille

La base du signe est proche du A2, le bras levé tenant une corbeille. Déterminatif de *porter*, *travailler* : k3·t [kat] *travail*.

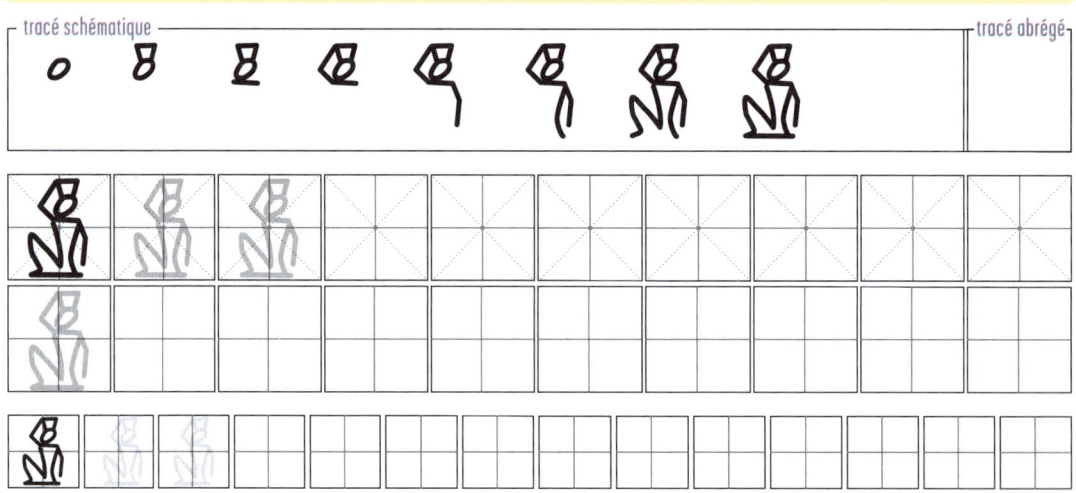

A12 – Archer, genou à terre

Le signe A3 peut servir de base à ce signe. Sert d'idéogramme dans mšʿ [mechâ] *armée* ; déterminatif de *soldat* : pḫr·t [pekheret] *garde frontière*.

DESSINS PAS À PAS

A13 – Homme à genoux, bras liés

Le personnage (prisonnier, ennemi captif) a les deux genoux à terre. Déterminatif de *prisonnier*, *ennemi* : ḫftj [khefti] *ennemi* ; ꜥnḫ [ânkh] *captif*.

A14 – Homme tombant et saignant de la tête

L'inclinaison du corps du personnage est variable. Déterminatif de *mort*, *ennemi* : mwt [mout] *mourir*.

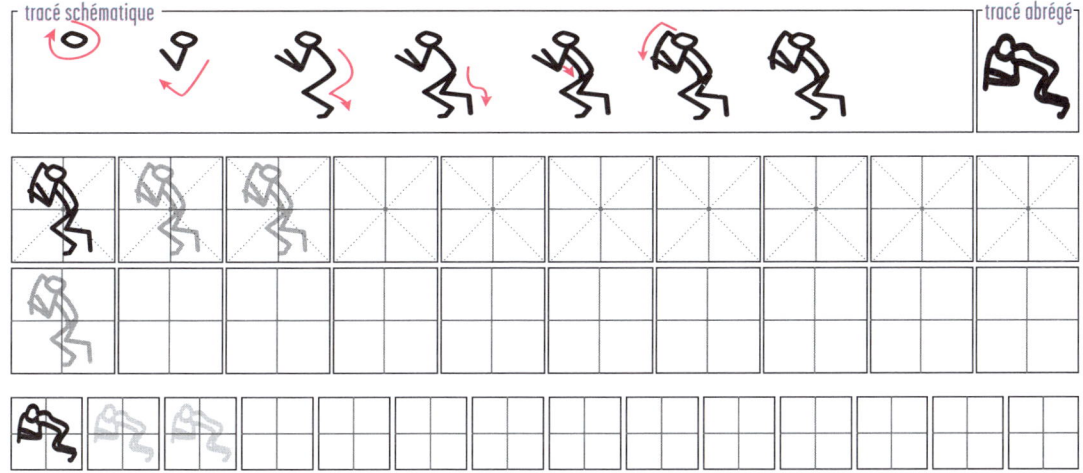

DESSINS PAS À PAS

A15 – Homme tombant

La silhouette en X allongé est réutilisée dans la plupart des signes de A15 à A35 en particulier pour A30 (Homme debout les bras tendus vers l'avant). Exemple de tracé abrégé où la taille n'est pas en X : ḫr [kher] *tomber*.

A16 – Homme s'inclinant

Le corps doit être bien penché en avant, comme pour le A19. Déterminatif de *vieillesse* : ḫ3b [khab] *(se) courber, être plié*.

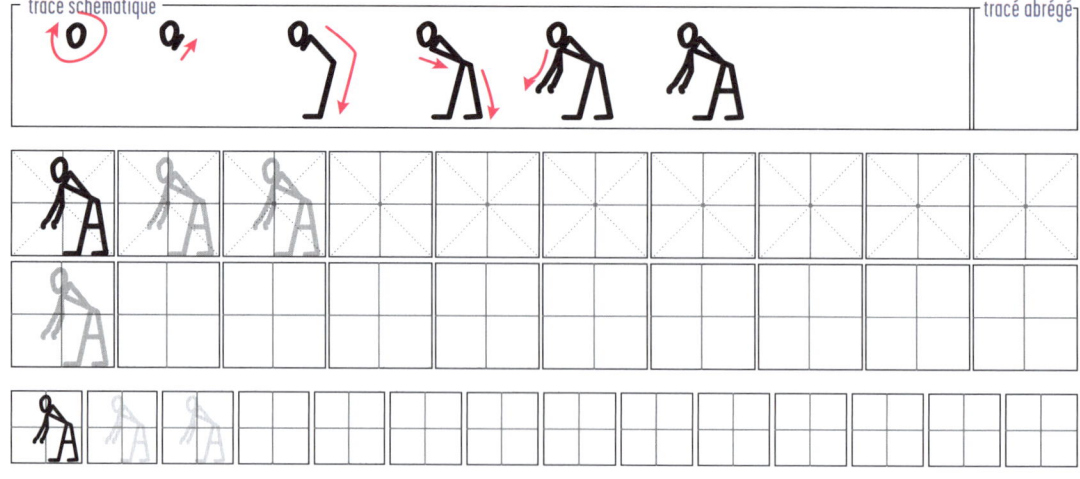

DESSINS PAS À PAS

A17 – Enfant assis, main à la bouche

Déterminatif : 𓀔 *ḥrd* [chered] *enfant* ; 𓇚 *šrỉ* [cheri] *jeune garçon*. Il existe une variante avec les bras pendants 𓀕 (alternative au A3 en hiératique). Le A18 𓀖 (enfant avec couronne sur la tête) a la même base : 𓇋𓈖𓊪𓅱 *ỉnpw* [inepou] *prince royal*.

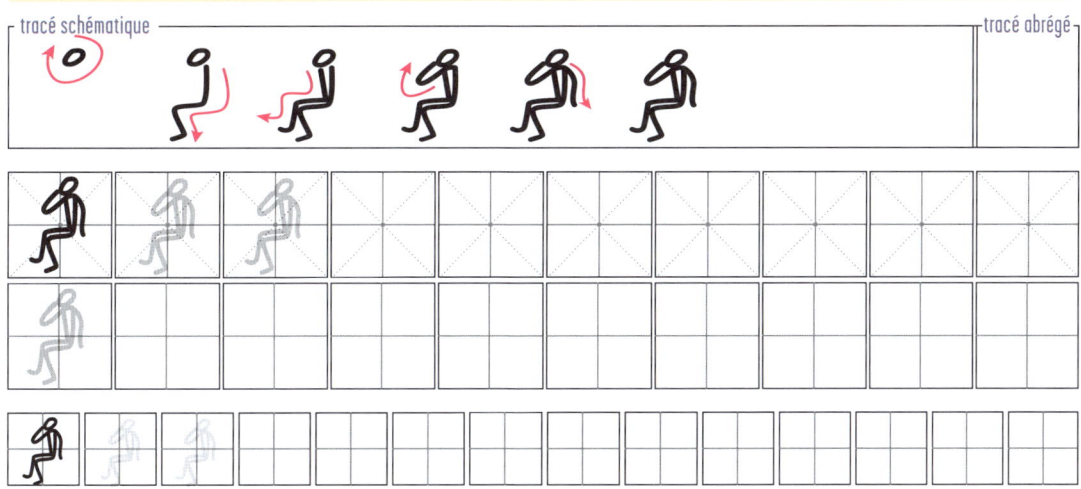

A19 / A20 – Vieillard appuyé sur un bâton / Homme appuyé sur un bâton

Les signes A19 𓀗 et A20 𓀘 sont souvent confondus. Le A19 𓀗 est très incliné (de la même façon que A16 𓀓). Le bâton du A20 peut être fourchu à la base : 𓇋𓀙𓀘 *ỉ3w* [yaou] *être vieux* ; 𓀗𓀘 *śmśw* [smsou] *aîné*.

DESSINS PAS À PAS

A23 – Roi tenant bâton et massue

Les signes A21, A22 et A23 ont la même base pour la position générale du personnage (forme en X). Déterminatif et abréviation de : *îtj* [iti] *souverain*.

A24 – Homme frappant avec un bâton tenu à deux mains

Déterminatif et abréviation : *śbȝ* [seba] *enseigner* ; *nḫt* [nekhet] *être fort*. Peut être remplacé par le signe (voir plus loin D40).

DESSINS PAS À PAS

A28 – Homme levant les bras au ciel

Déterminatif et abréviation : k3(i) [qaï] être élevé ; ḥ3(i) [haï] se réjouir.

A30 – Homme debout les bras tendus vers l'avant

Déterminatif et abréviation : dw3(w)-nṯr [douaou-netcher] prier, rendre grâce. Voir le A4 dont les bras ont la même position.

A40 – Dieu assis portant perruque et barbe

Cette silhouette sert de base à de nombreux signes, de A40 à A49 ; B1 (femme assise) ou encore C1 (divinité). La barbe du personnage est légèrement courbée à l'extrémité. Déterminatif de *divin* : *ı̓nk* [ink] *je* (divinité s'exprimant) ; *rˁ* [râ] *Rê*.

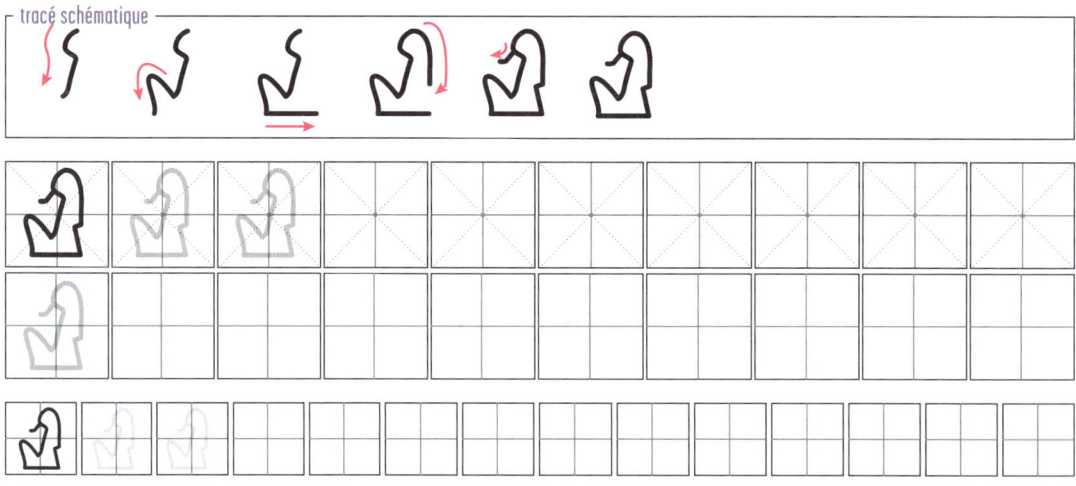

A50 / A51 – Haut personnage assis sur une chaise / avec flagellum

Les jambes du personnage masquent les pieds avant du siège. Déterminatif des *personnages respectables* : *špsı̓* [chepesi] *être vénérable, noble* ; *špś·w* [chepessou] *offrandes*. Dans la variante A51 le même personnage tient un flagellum.

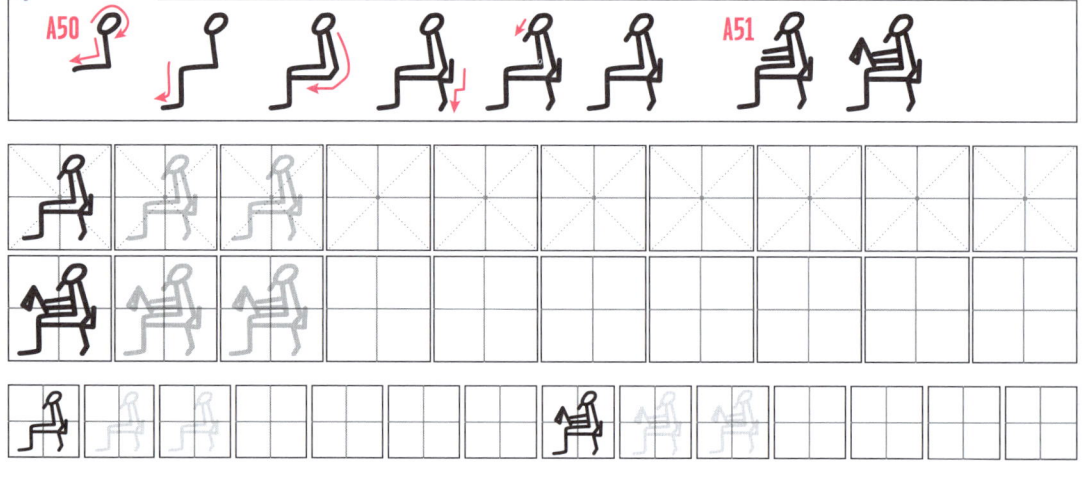

DESSINS PAS À PAS

A53 – Momie dressée

Le A53 occupe un demi-cadrat. Déterminatif de *momie* : *twt* [tout] *statue, image*.

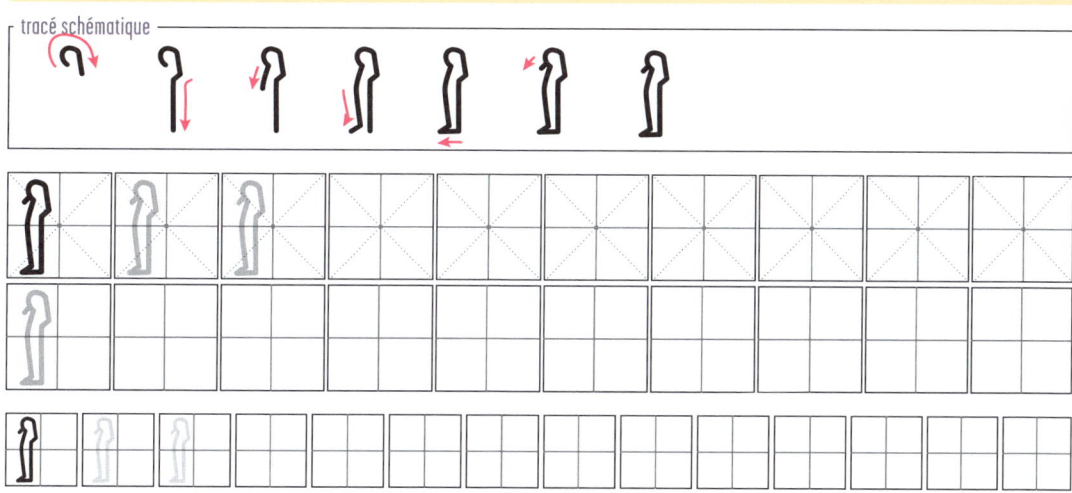

A55 – Momie couchée sur un lit

Déterminatif et abréviation : *sḏr* [sedjer] *passer la nuit*.

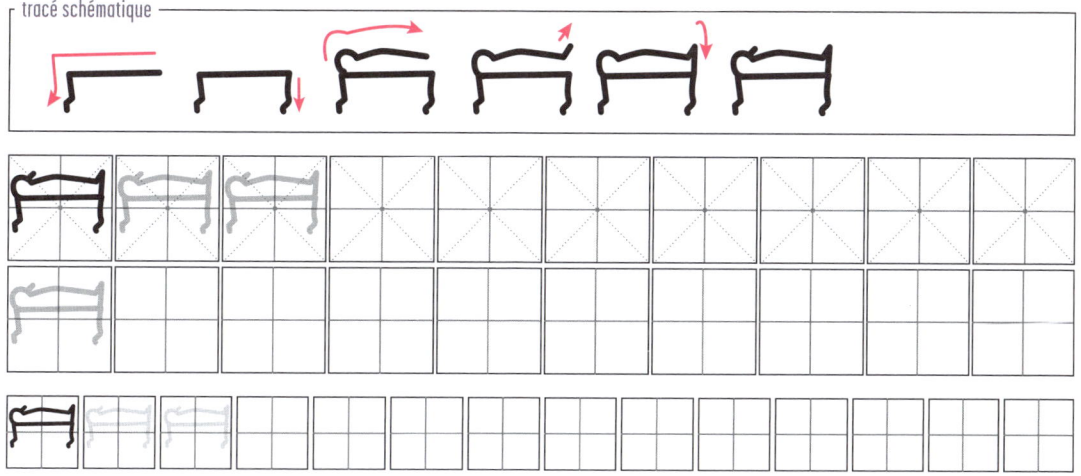

DESSINS PAS À PAS

B1 – Femme assise

La silhouette du B1 est, par convention, identique à celle du A40, la différence étant l'absence de barbe (dans les gravures détaillées les deux signes sont bien différents) : ḥm·t [hemet] *femme, épouse* ; bȝk·t [baket] *servante* ; sȝ·t [sat] *fille* (voir A1).

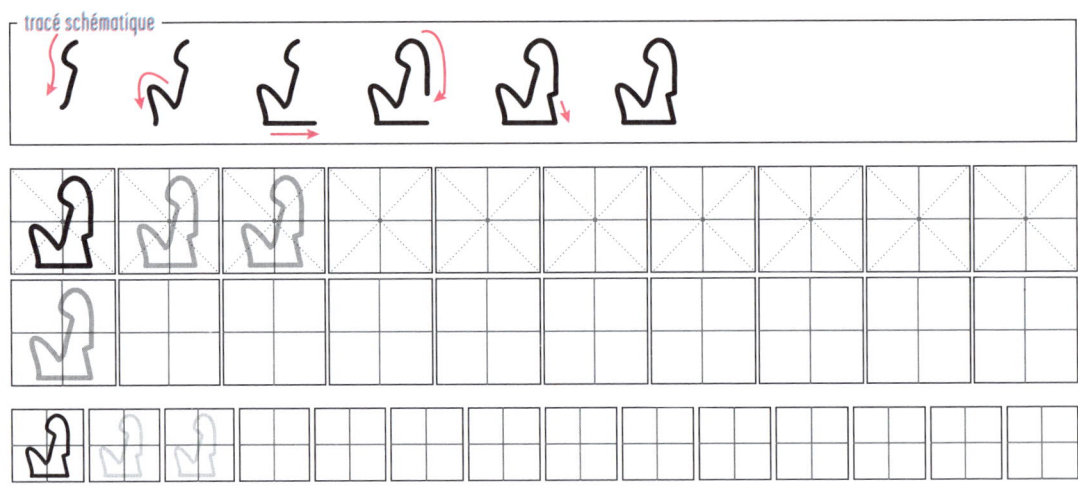

B3 – Femme accouchant

Déterminatif et abréviation pour l'action d'*enfanter* : ms(i) [messi] *accoucher, mettre au monde*.

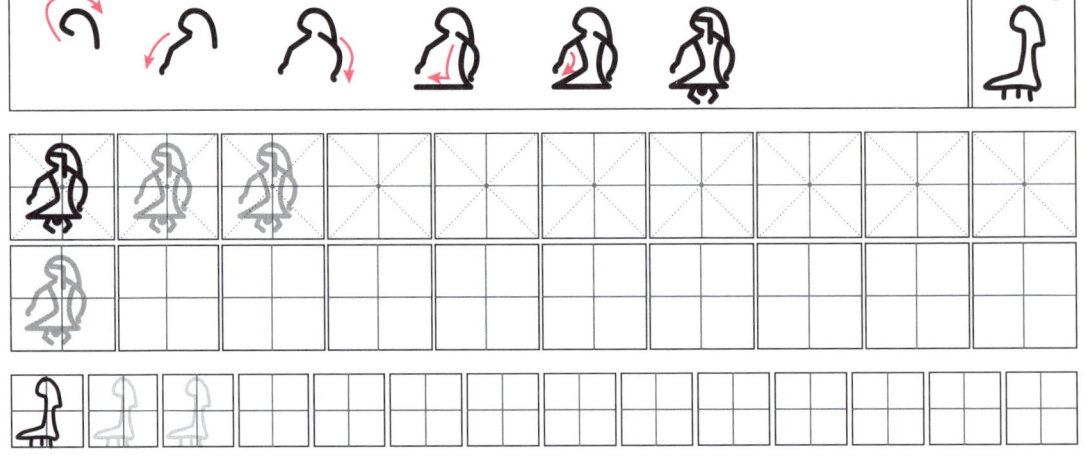

B5 – Femme allaitant un enfant

Déterminatif pour l'action de *nourrir*, *élever* : rnn·t [renenet] *élever, allaiter, nourrir*.

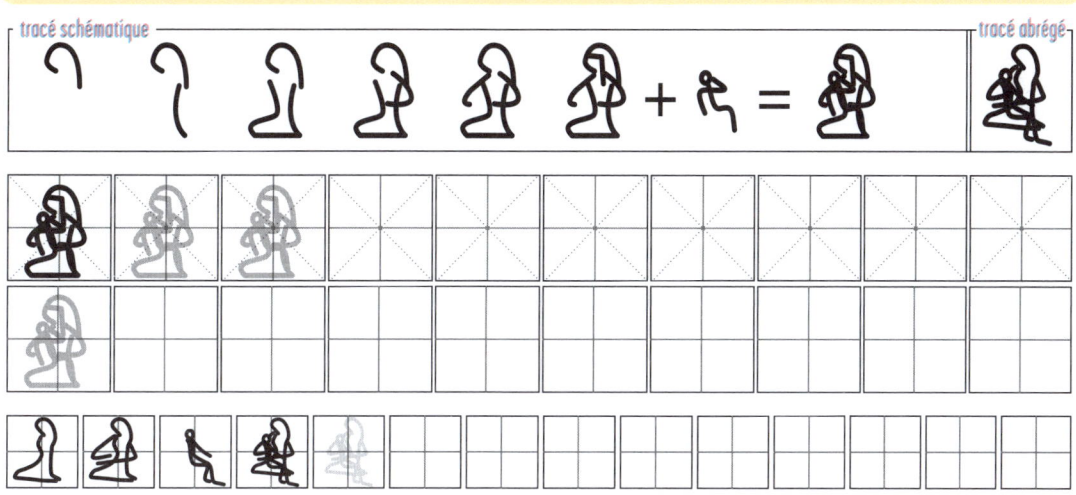

C1 – Dieu à tête humaine coiffé du disque solaire à uræus

Déterminatif et abréviation du *dieu Rê* (dieu soleil) r‛ [râ] ; s'écrit aussi avec les compléments phonétiques. Le signe A40 (dieu assis portant perruque et barbe), sans disque solaire ni *uræus* (I12 cobra dressé) peut être utilisé comme déterminatif.

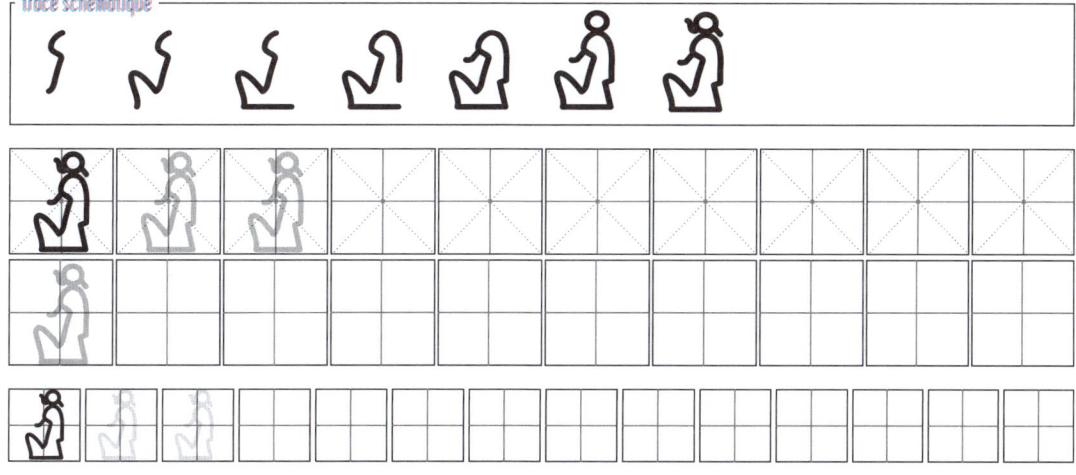

C2 – Dieu hiéracocéphale coiffé du disque solaire et tenant le signe ânkh

Plusieurs signes de cette catégorie ont en commun la silhouette assise. Déterminatif et abréviation de *Rê* *rˁ* : (🛐) *rˁ-ms-sw* [Râ-mes-sou] *Ramsès*, nom de plusieurs rois des XIXᵉ et XXᵉ dynasties.

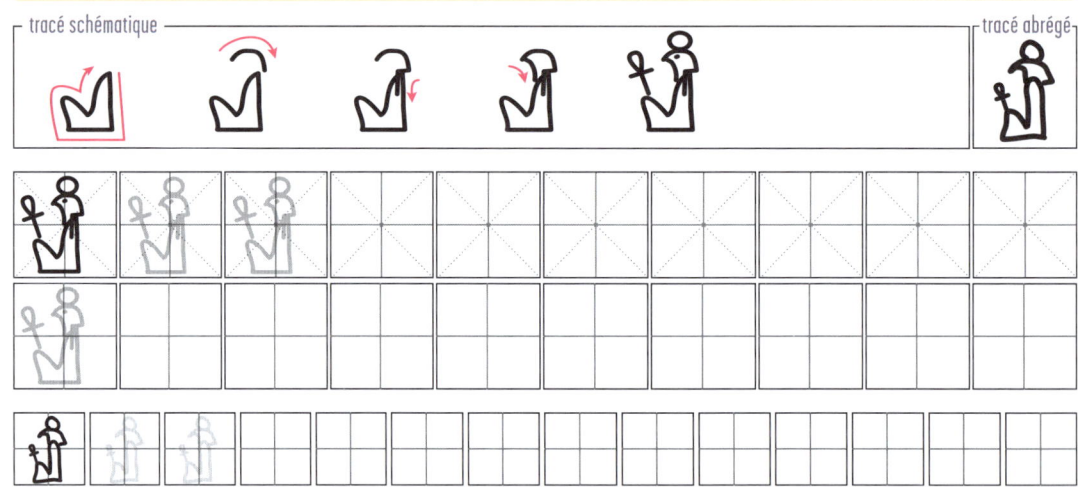

C3 / C4 – Dieu à tête d'ibis / Dieu à tête de bélier

Ces deux signes sont chacun déterminant et abréviation : C3 pour le dieu Thot *mḥ-ỉb* [meh-ib] le « Judicieux » (Thot) ; C4 pour le dieu Khnoum *ḥnmw* [khe-nemou] *Khnoum*.

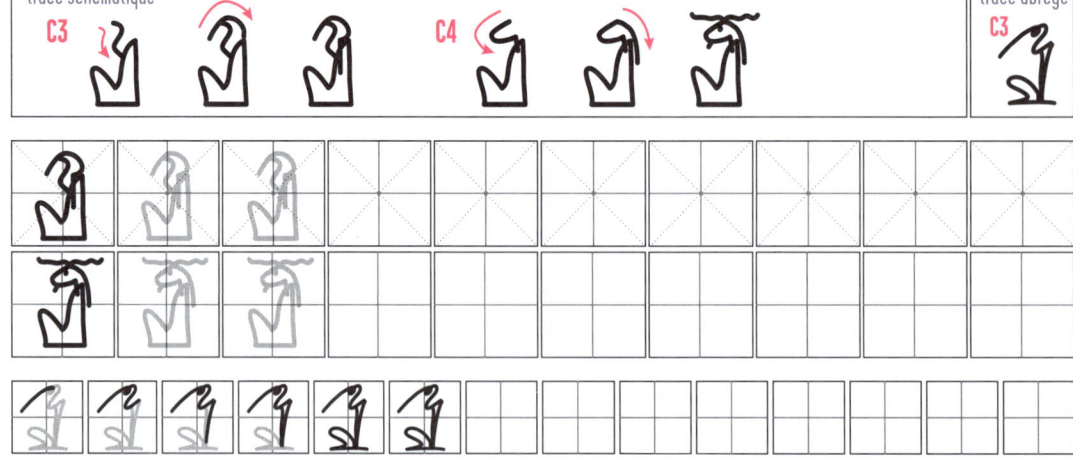

C6 / C7 – Dieu à tête de canidé (chacal, renard, loup, etc.) / Dieu à tête de Seth

Déterminatif et abréviation : C6 dans *inpw* [inepou] *Anubis* ; C7 dans le nom du roi Séthi Ier *Mér(y)enptah* *Sthj-mrj-n-Ptḥ* (littéralement : L'homme de Seth aimé de Ptah). Pour bien les distinguer, le museau de Seth (C7) doit être franchement busqué.

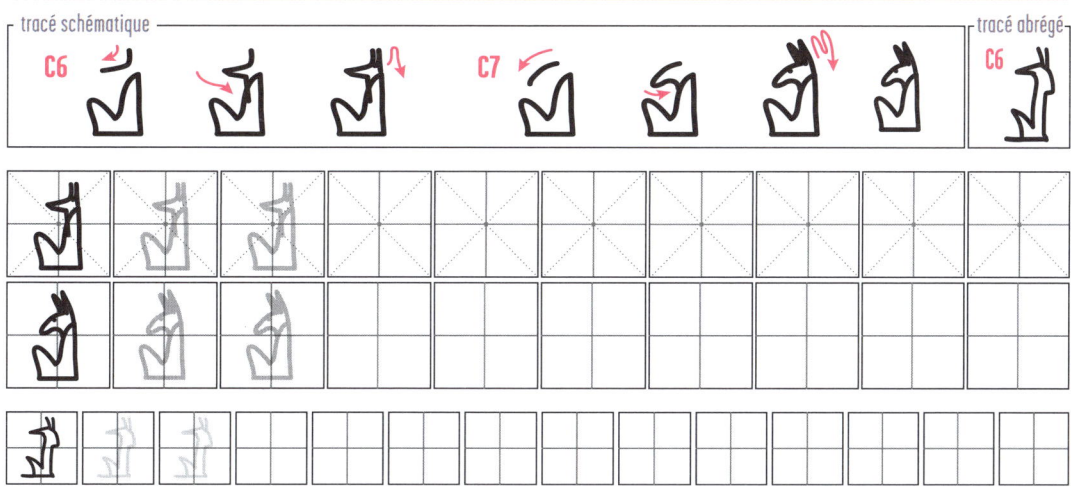

C10 – Déesse coiffée d'une plume d'autruche

Silhouette de la femme assise (B1) avec une plume d'autruche (Maât) posée sur la coiffe. C10 dans le prénom de Ramsès II, *Ousermaâtrê* *wsr m3ʿt rʿ* (littéralement : Puissante est la justice de Rê). Il existe une variante avec le signe « ânkh » posé sur les genoux.

DESSINS PAS À PAS

C11 – Dieu les bras levés, coiffé d'une palme effeuillée

On trace la même silhouette que l'homme assis (A1), mais avec les bras levés : idéogramme de ḥḥ [heh] *million*, *(dieu) Heh* (divinité représentant le temps infini).

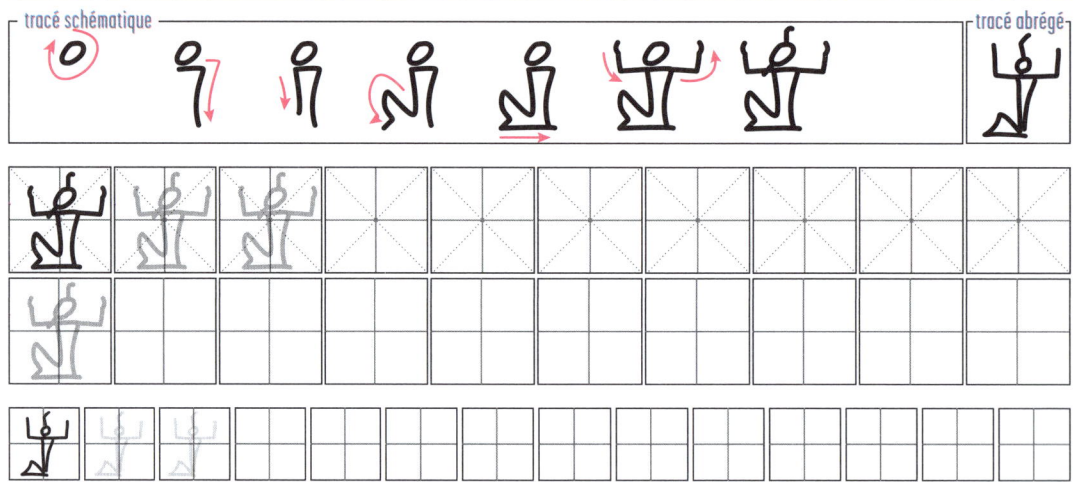

D1 – Tête vue de profil

Idéogramme de *tp* [tep] *tête*. Déterminatif de ce qui concerne la *tête* (physique) : ḏȝḏȝ [djadja] *tête*. Valeur phonétique *tp* [tep] dans le mot *tpj* [tepi] *premier*.

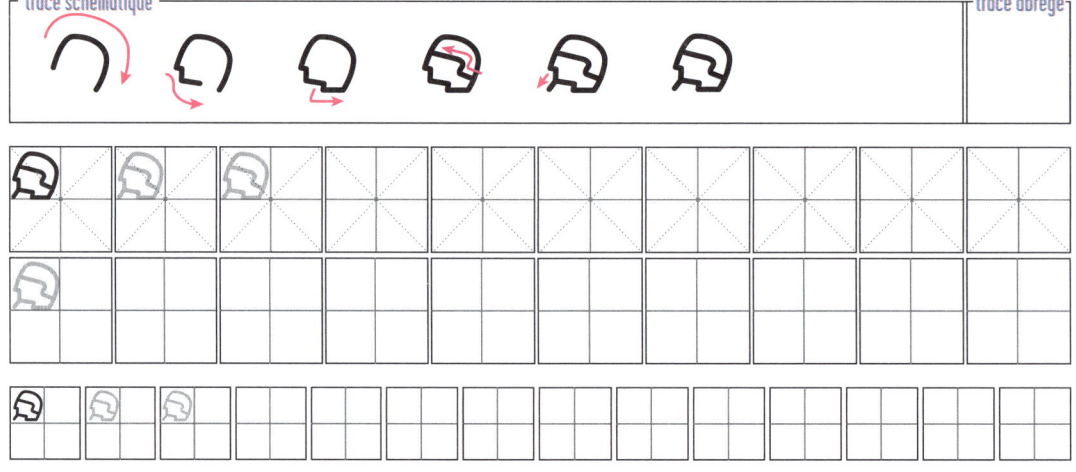

DESSINS PAS À PAS

D2 – Visage vu de face

Idéogramme de *visage* : 𓁶𓀂𓀁𓁷𓁹 *mꜣw-ḥr* [mâaou-her] *miroir*. Valeur phonétique *ḥr* [her] dans 𓁷 *ḥr* [her] *sur*. Le tracé abrégé est comme un 8 dont la boucle inférieure est nettement plus petite.

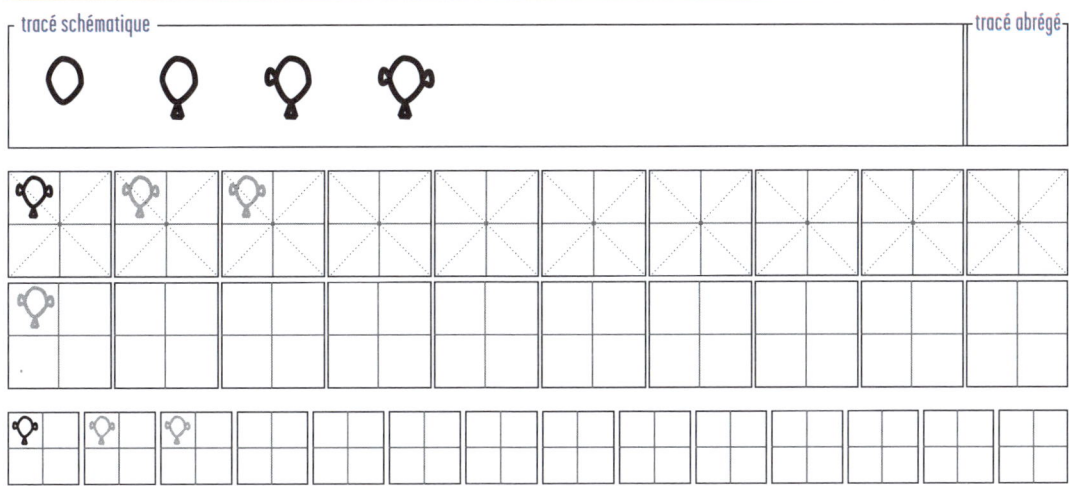

D4 – Œil

Idéogramme 𓁹 *jr·t* [iret] *œil* ou valeur phonétique *jr* [ir] : 𓁹 *jrj* [iri] *faire*. Déterminatif générique pour les actions touchant l'œil ou la vue, souvent remplacé par D5 𓁺 ou D9 𓁼 : 𓁹𓀂𓀂 *mꜣꜣ* [maa] *voir* (on notera la place inhabituelle du déterminatif).

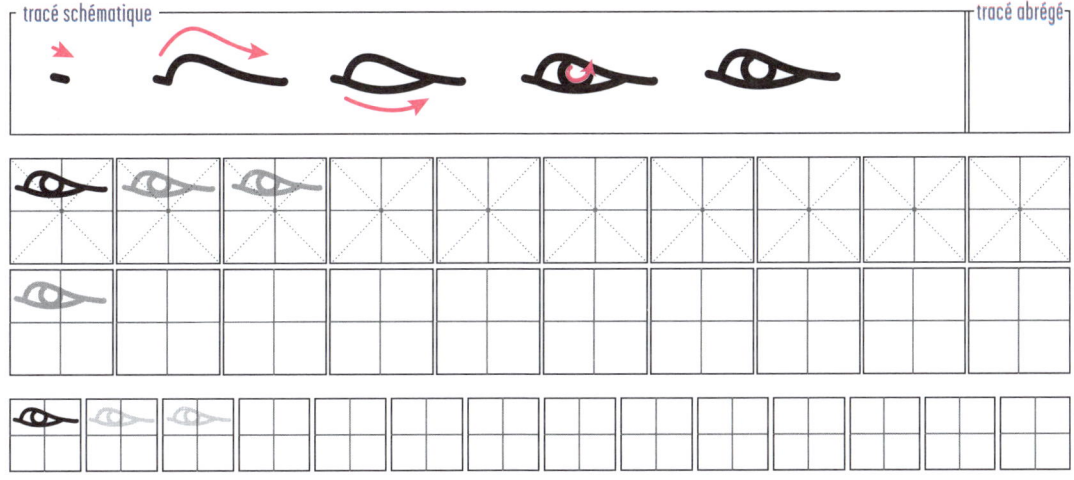

DESSINS PAS À PAS

D10 – Œil humain avec les traits de la joue d'un faucon (œil-oudjat)

L'œil-oudjat, symbole de plénitude physique, signifie l'œil « intact » d'Horus, arraché par Seth au moment de leur lutte mythique, puis guéri et restauré par Thot : $wḏ3·t$ [oudjat] *œil-oudjat*.

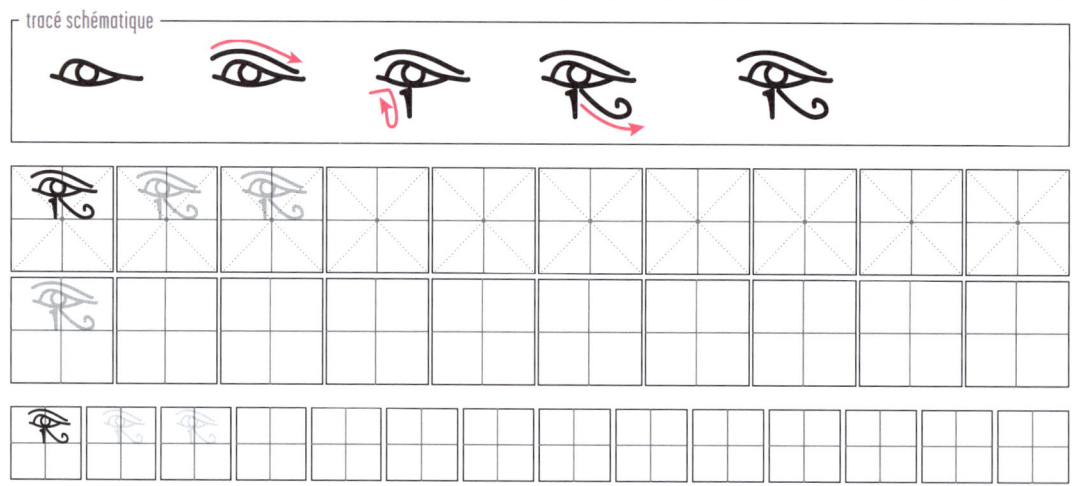

D19 / D20 – Partie supérieure du visage vue de profil et variante

Déterminatif et abréviation : (ou variante) $fnḏ$ [fenedj] *nez* ; $rš·wt$ [rechouet] *joie, allégresse*.

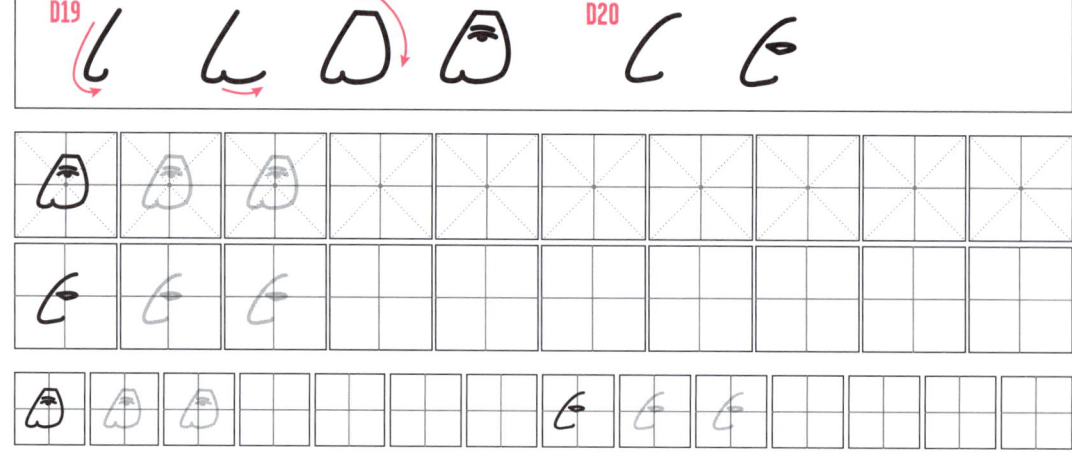

DESSINS PAS À PAS

D28 – Bras tendus

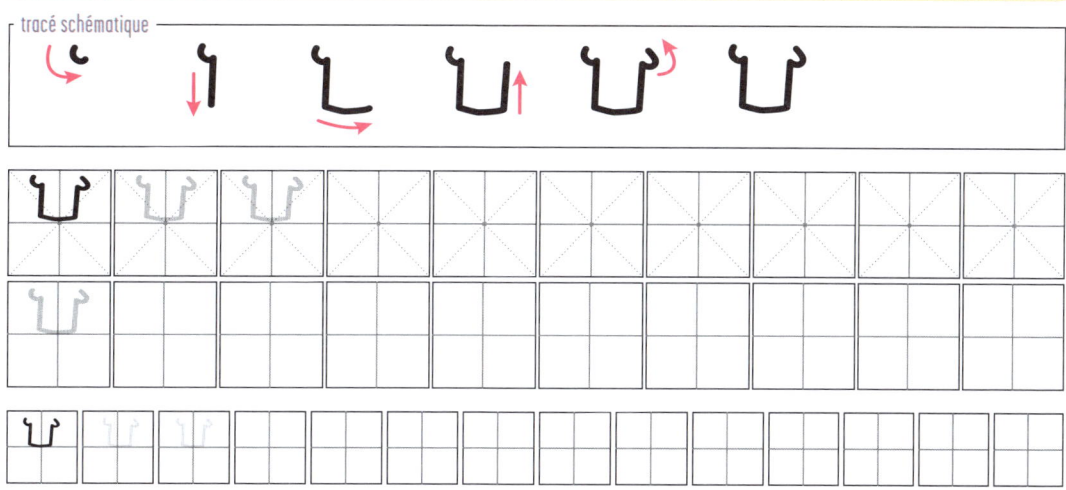

D32 – Bras enserrant

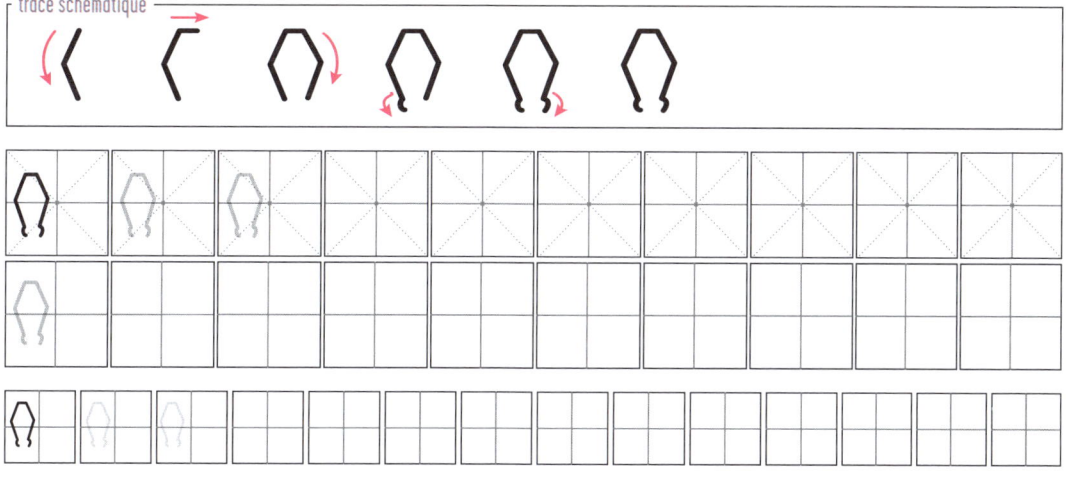

DESSINS PAS À PAS

D33 – Bras tenant une rame

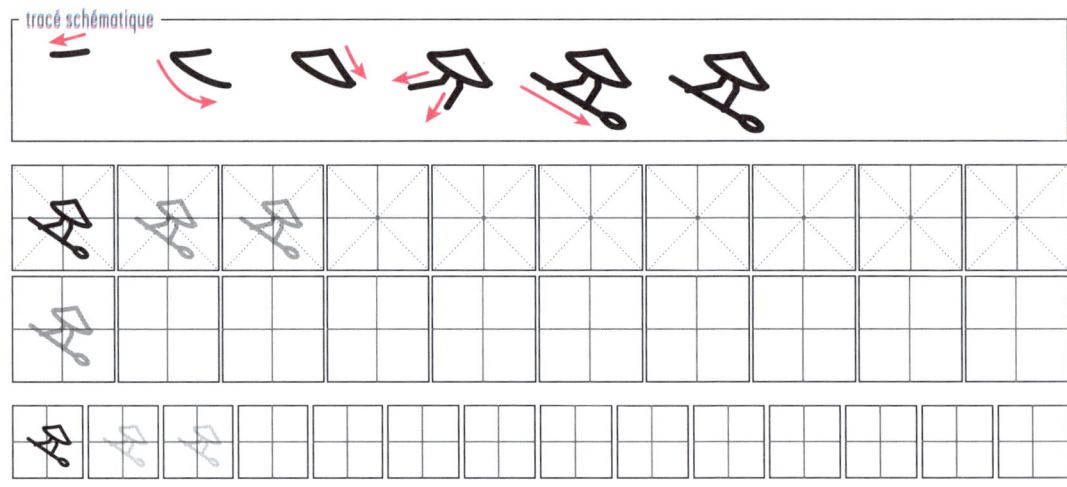

D34 – Bras tenant un bouclier et une hache

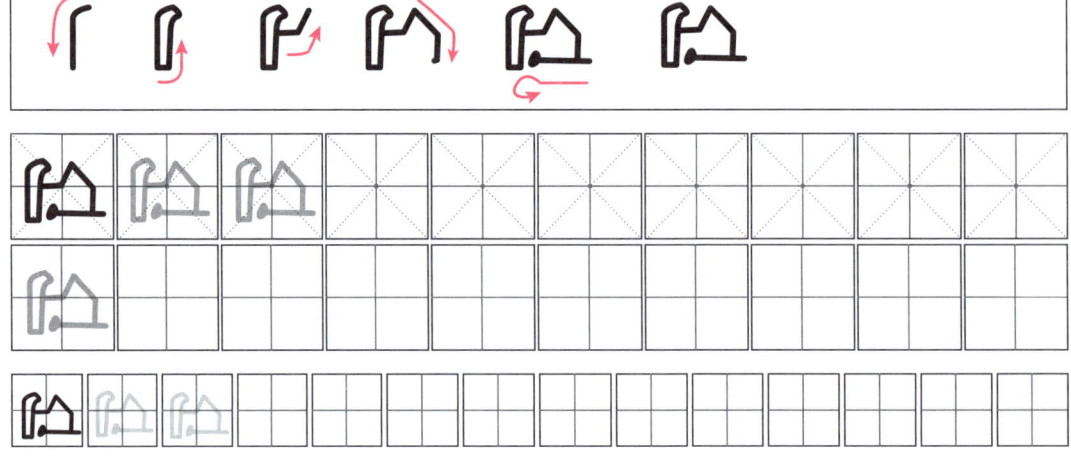

DESSINS PAS À PAS

D35 – Bras repoussant dans un geste de négation

Ce signe occupe un demi-cadrat horizontal : ⌒ ▭ ⊙ *n-sp* [en-sep] *jamais* ; 𓁹 ⌒ *smḫ* [semeh] *oublier, ignorer*.

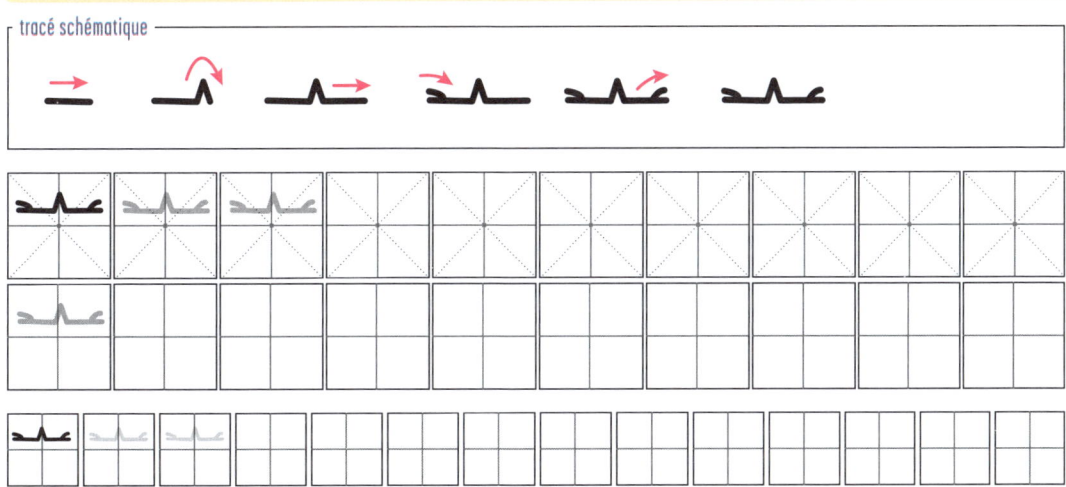

D36 à D44 – Bras (tenant divers objets)

Le bras, plus précisément l'avant-bras, figure dans tous les signes de D36 ⌒ à D44 ⌒ ; la plupart tenant un objet : ⌒ 𓂝 ? [âa] *ici* ; 𓂝𓂝 *wśrw* [ousserou] *force, puissance*. La main des signes D41 ⌒ et D42 ⌒ est tournée vers le bas.

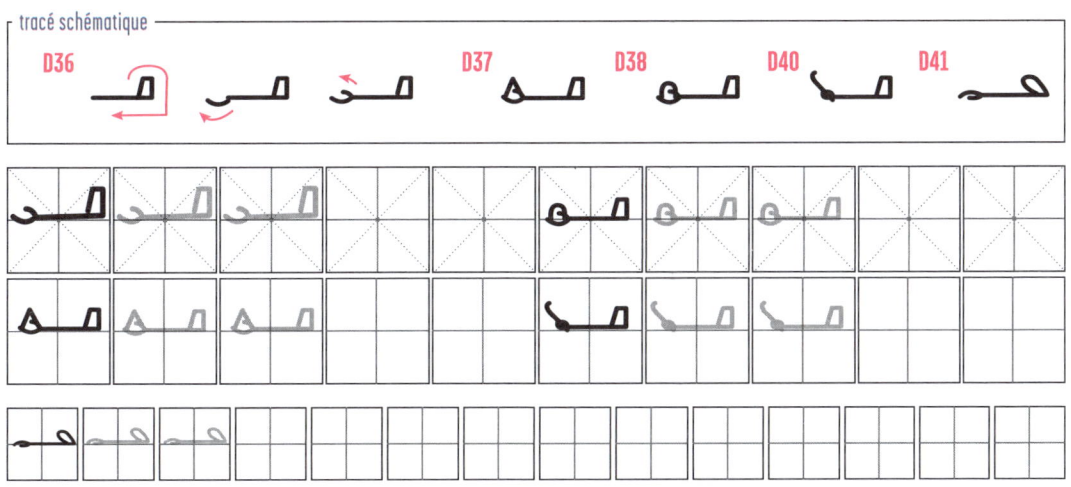

DESSINS PAS À PAS

D45 – Bras tenant le sceptre nekhebet

À la différence des signes D36 à D44, dans le D45 le bras est représenté en entier, légèrement replié : *ḏsr* [djesser] *magnifique, sacré*. Ce signe occupe un demi-cadrat horizontal.

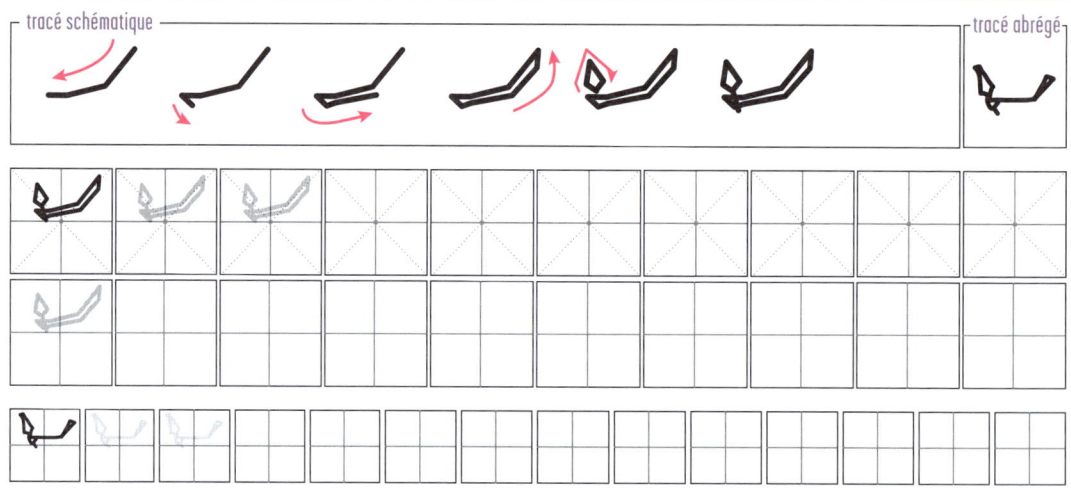

D46 – Main

Valeur phonétique *d* (exceptionnellement *ḏ*) : *ḏd* [djed] *dire*. Exemple de lecture particulière dans *ḏr·t* [djeret] *main* où l'on lit *ḏ* [dj] au lieu de *d* [d]. Ce signe occupe un demi-cadrat horizontal.

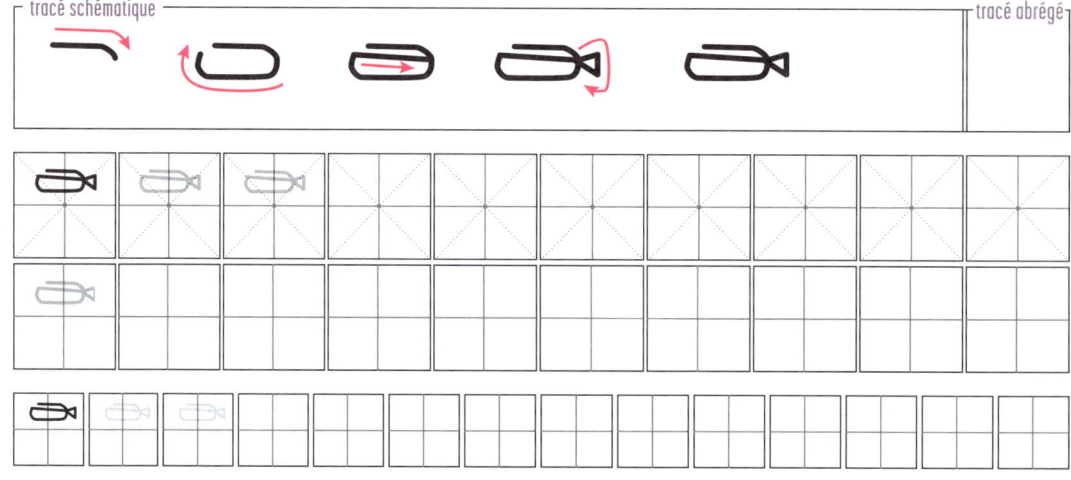

D50 / D51 – Doigt dressé / Doigt à l'horizontale

D50 : db' [djebâ] *doigt*. D51 : 'n·t [ânt] *ongle, griffe*. D51 est un déterminant des actions faites à la main (ḫȝỉ [khaï] *mesurer*) et un déterminant phonétique dḳr [deqer] dans dḳr [deqer] *fruit*. Ces signes occupent un demi-cadrat.

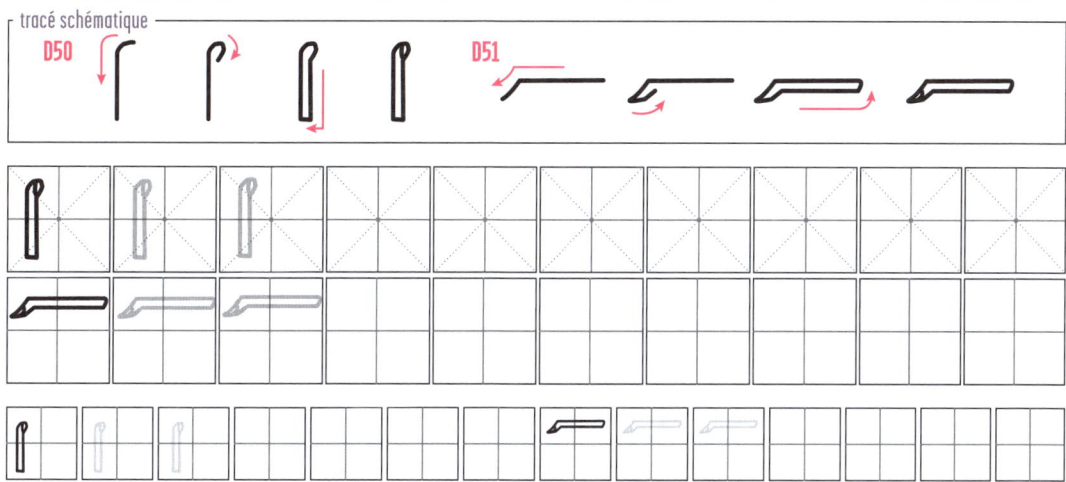

D52 / D53 – Phallus / Phallus émettant un liquide

Ce signe occupe un demi-cadrat horizontal : ꜥȝ [âa] *âne* ; ṯȝỉ [tchaï], *mâle* ; déterminatif des adjectifs *mâle, masculin* et des substantifs *mâle, homme, mari, garçon*.

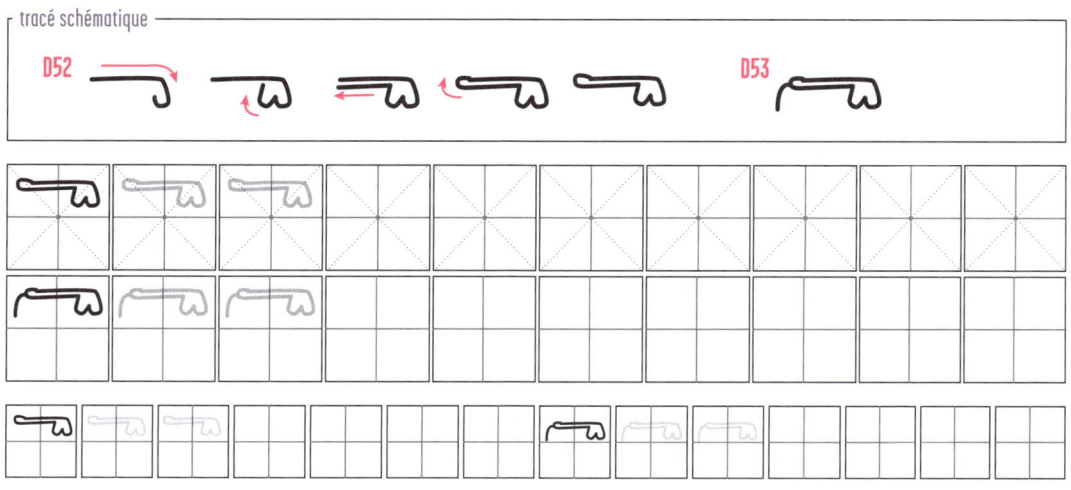

DESSINS PAS À PAS

D58 – Pied

Phonétique signe-racine *b(w)* [bou] pour la notion de *place* : 𓃀𓏲𓊖 *3bd·w* [abedjou] *Abydos* (ville sainte de Haute Égypte, haut lieu du culte osiriaque) ; 𓃀𓇋𓈖𓅪 *bἰn* [bin] *mauvais* ; 𓃀𓇋𓂝𓅃 *bἰk* [bik] *faucon*.

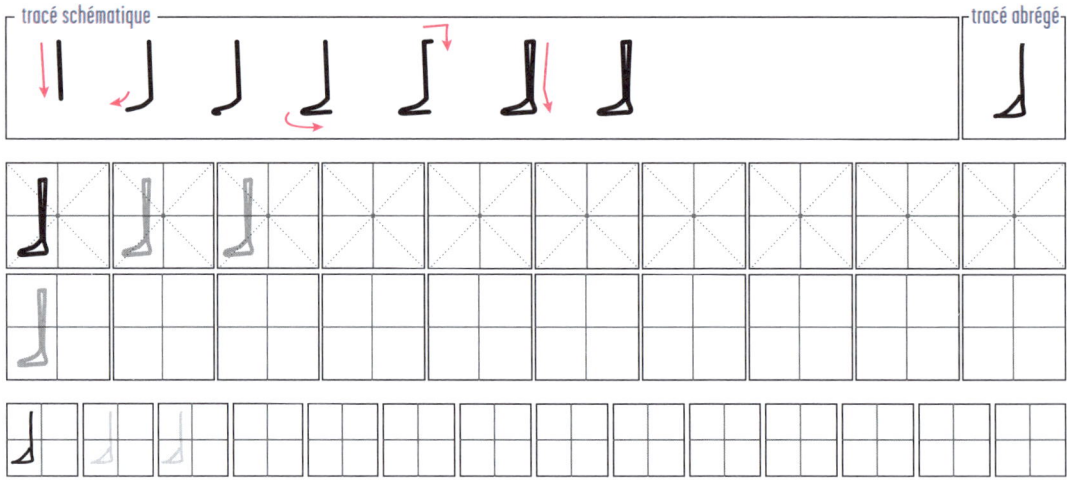

D61 – Orteils

Phonétique signe-racine *s3ḥ* [sah] pour la notion de *voisinage* : 𓊃𓐍𓇋𓏦𓂻 *s3ḥ* [sah] *atteindre, arriver à*.

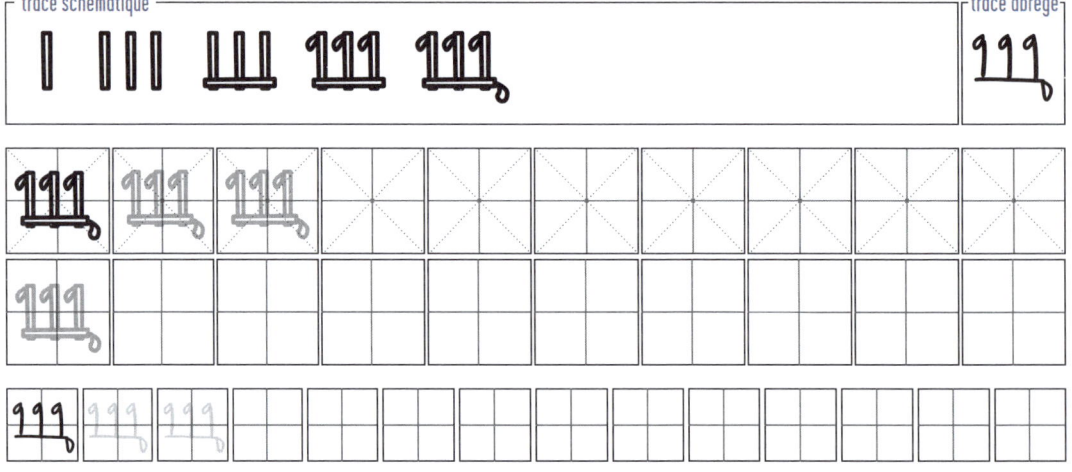

DESSINS PAS À PAS

E1 – Bovidé

Déterminatif de *bovidé* : 🐄🐄 *mnmn·t* [menmenet] *troupeau* ; 🐄 *iwȝ* [ioua] *bœuf* ; 🐄 *kȝ* [ka] *taureau* ou *bœuf* (voir les signes D28 ⎵ et D52 ⌒).

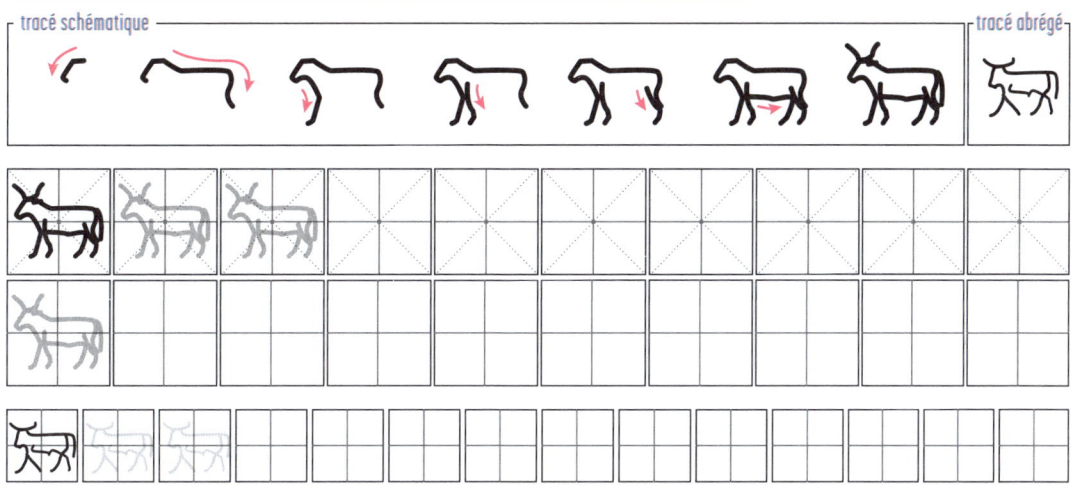

E2 – Taureau agressif

Le tracé est proche du E1 🐄 avec la tête du taureau penchée en avant et une patte allongée vers l'avant. Ce signe évoque l'idée de force : 🐄 *kȝ-nḫt* [ka-nekhet] *taureau puissant*, épithète royale.

DESSINS PAS À PAS

E6 — Cheval

Le E6 est l'un des signes les plus difficiles à reproduire, mais il n'est pas très fréquent. Vous trouverez deux versions de tracé schématique sur cette page : un tracé calligraphique (1) et un tracé schématique plus simple (2) (modèle de Dittmar, voir bibliographie p. 127). Une version plus simple encore est donnée dans la dernière ligne : . Déterminatif de *cheval* : *śśm·t* [sessemet] *cheval*.

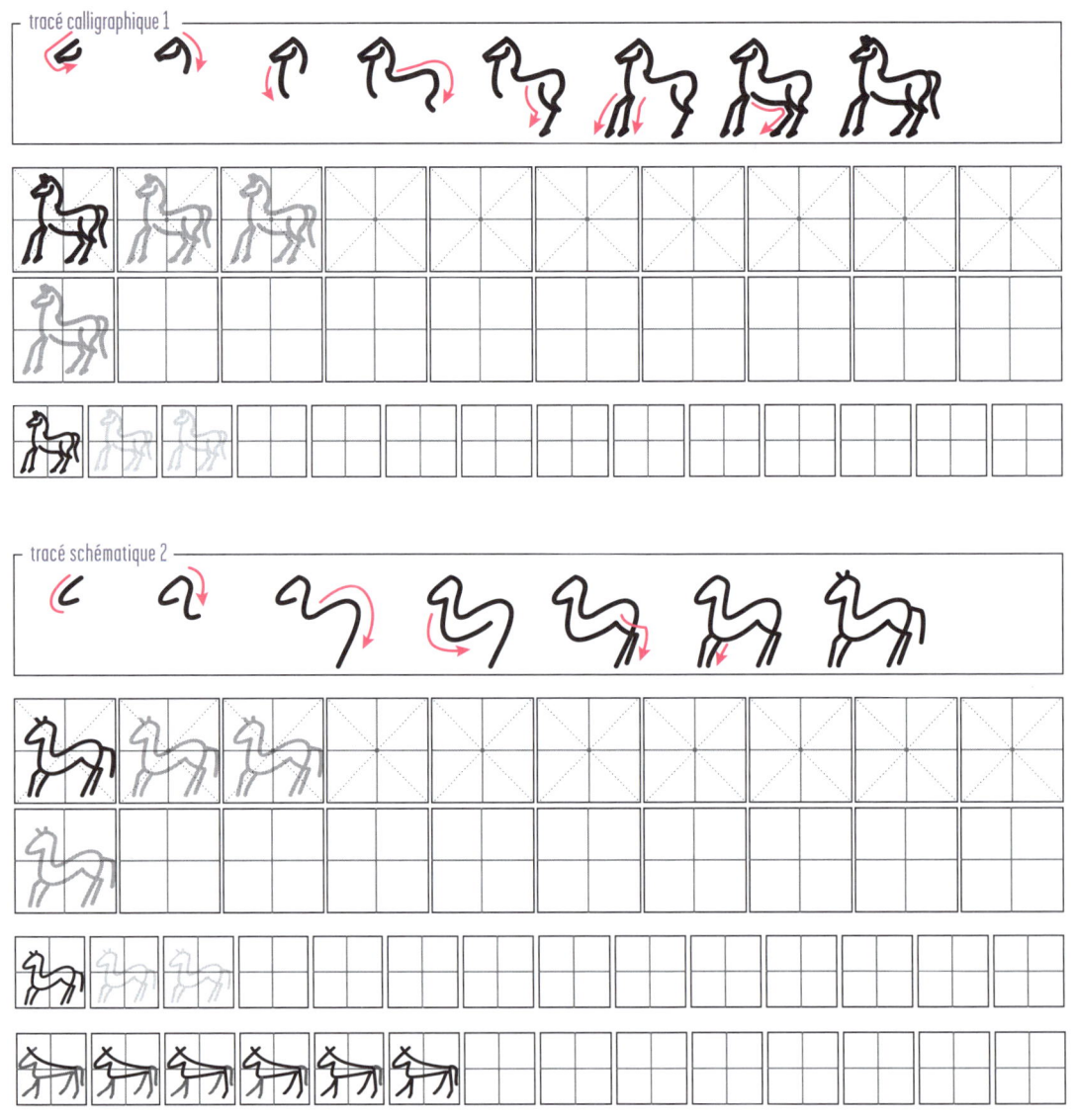

E7 – Âne

Déterminatif dans 🐂🐴𓏲 [âa] *âne*. Les étapes du tracé valent pour le E8 🐐 (chevreau) également.

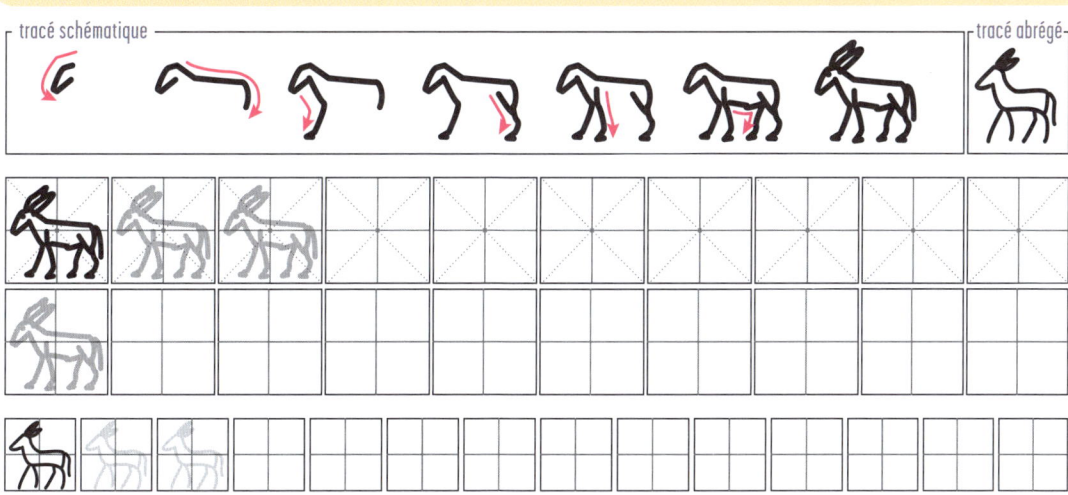

E8 – Chevreau

Déterminatif pour *petit bétail* : 𓏺𓏺🐐𓏲 *ỉb* [ib] *chevreau*, et déterminant phonétique *ỉb* [ib] : 𓏺𓏺🐐𓀁 *ỉbỉ* [ibi] *avoir soif*. Il existe une variante : le E8a 🐐 sautant (voir signe suivant). Les étapes du tracé sont similaires à celles du E7 🐴.

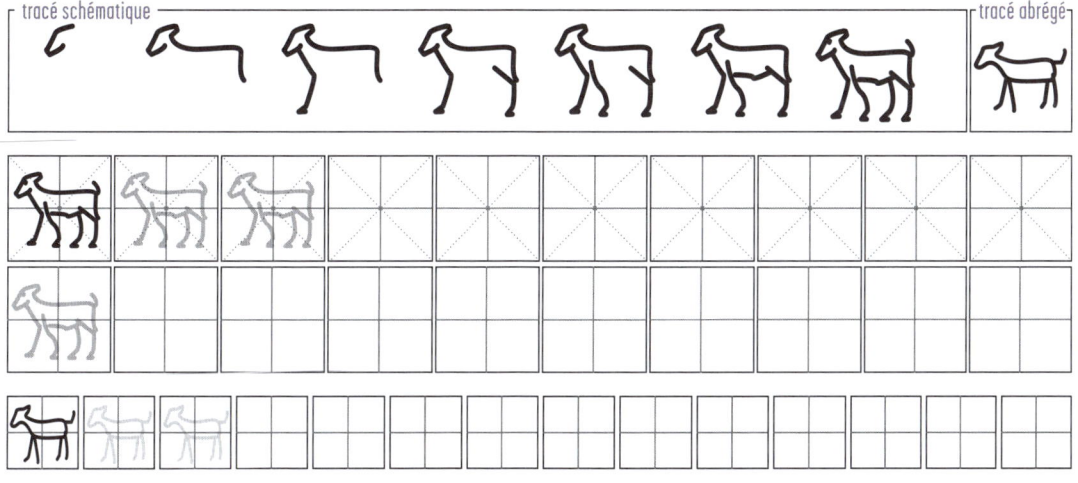

DESSINS PAS À PAS

E8a – Chevreau sautant

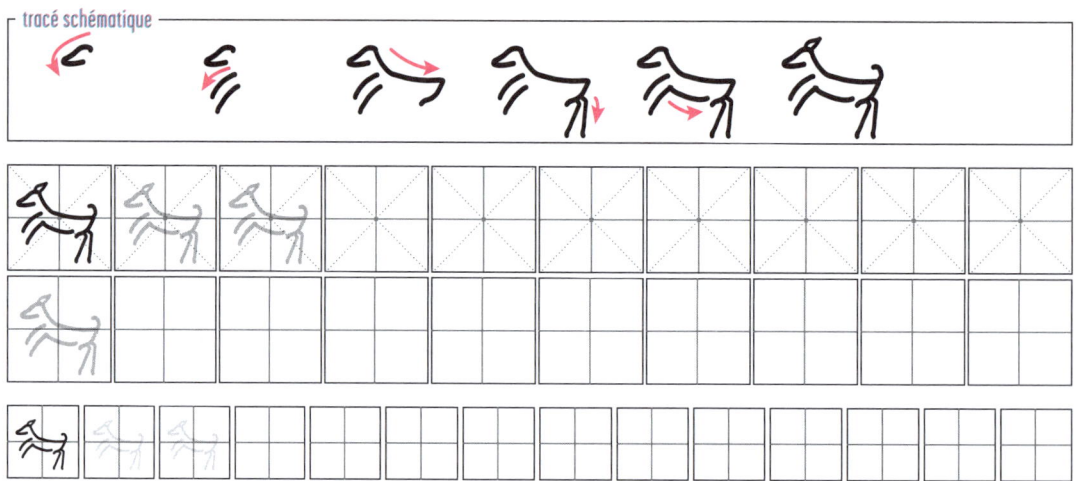

Variante du précédent (E8), les deux pattes antérieures sont surélevées : *ib·t* [ibet] *soif*.

E9 – Faon de bubale

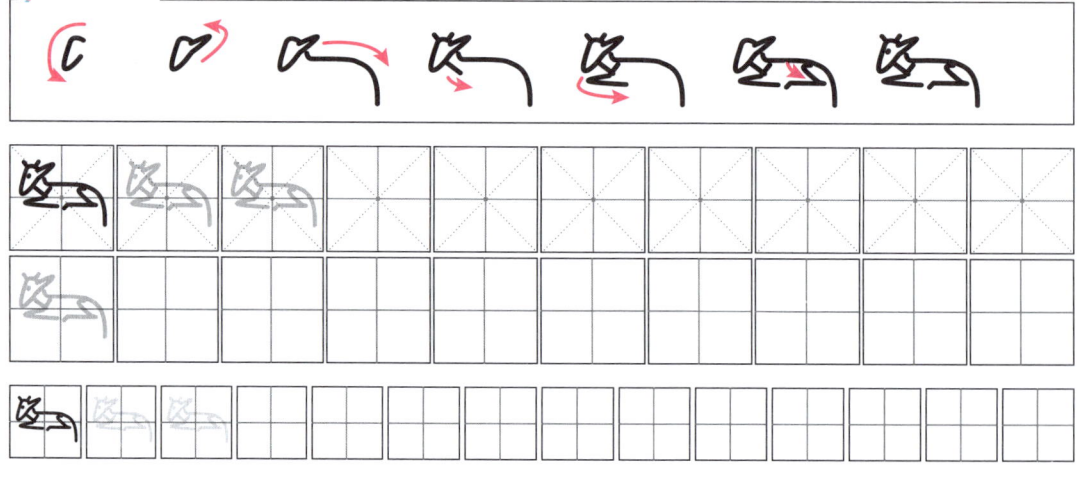

Valeur phonétique *iw* [iou] : *iwd* [ioud] *quitter, éloigner*.

DESSINS PAS À PAS

E10 – Bélier

Déterminatif : 🐏 *ẖnm·w* [khenemou] *Khnum* (dieu). Voir également la graphie de C4 🐏 (dieu à tête de bélier). Les étapes du tracé sont similaires à celles du E7 🐐.

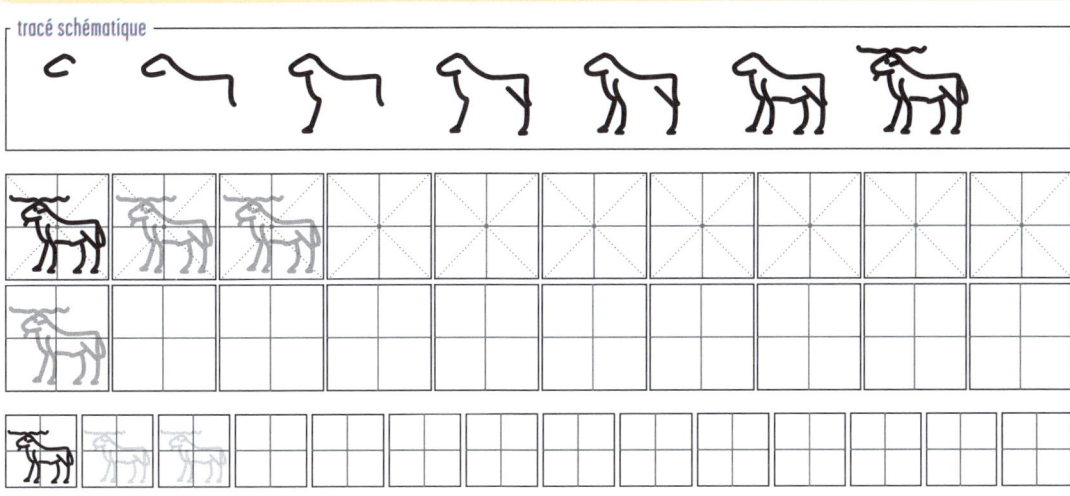

E12 – Cochon

Déterminatif et abréviation de *cochon* ; exemple de tracé abrégé : 🐖 *rrî* [réri] *cochon*.

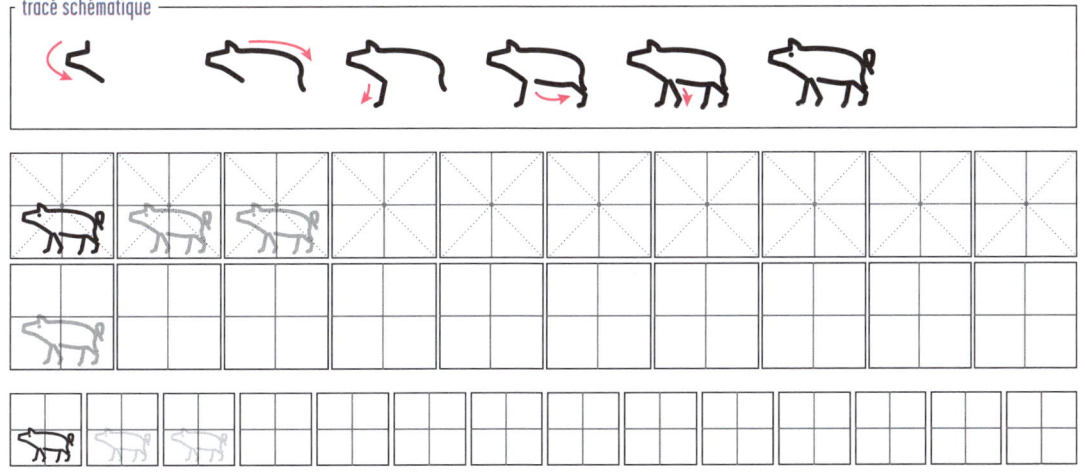

DESSINS PAS À PAS

E13 – Chat

Le E13 sert de déterminatif ou d'idéogramme (employé seul) pour *chat* *miw* [miou] ; *chatte* *miw·t* [miout]. La graphie courante fait l'économie du E13 et le remplace par le F27 *peau et queue* (de vache), déterminatif générique pour tout *mammifère* : *miw* [miou].

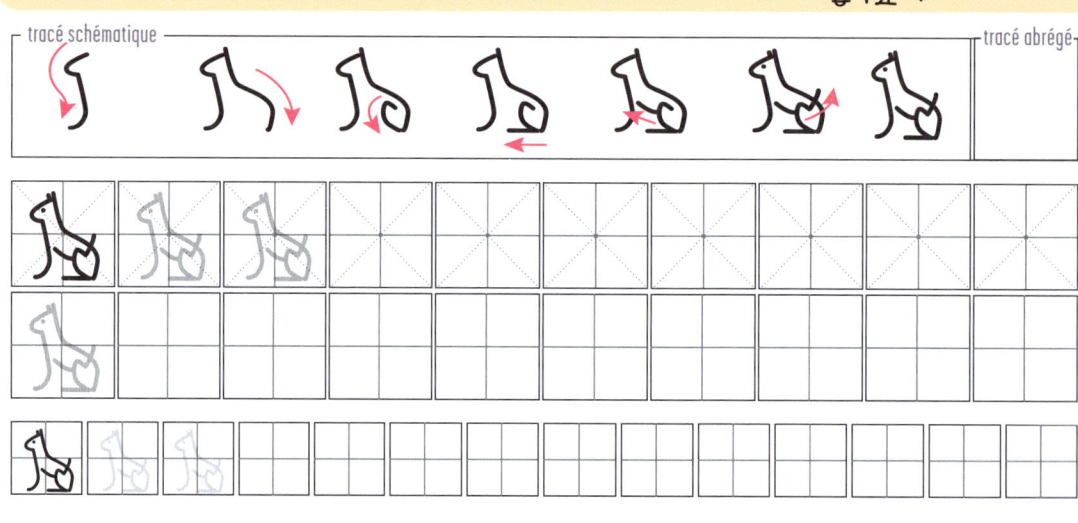

E14 – Chien domestique (type lévrier)

Idéogramme et déterminant pour *chien*. Déterminatif de *chien* : *iw* [iou] *chien* (tous types) ; *ṯsm* [tchéssem] *chien* (type salouki ou lévrier persan).

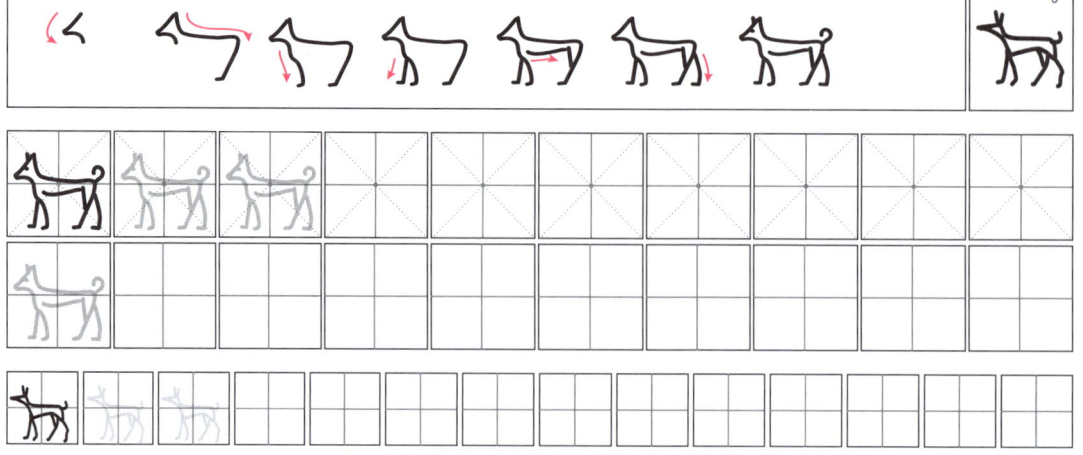

E15 – Canidé (chien ou chacal) couché

Le E15 sert d'idéogramme ou de déterminatif pour *Anubis*. Il est une alternative à C6 (dieu à tête de canidé) *inpw* [inepou] *Anubis* et à E16 (canidé couché sur un naos). À partir de E14 et E15 on peut former E17, E18 et E19.

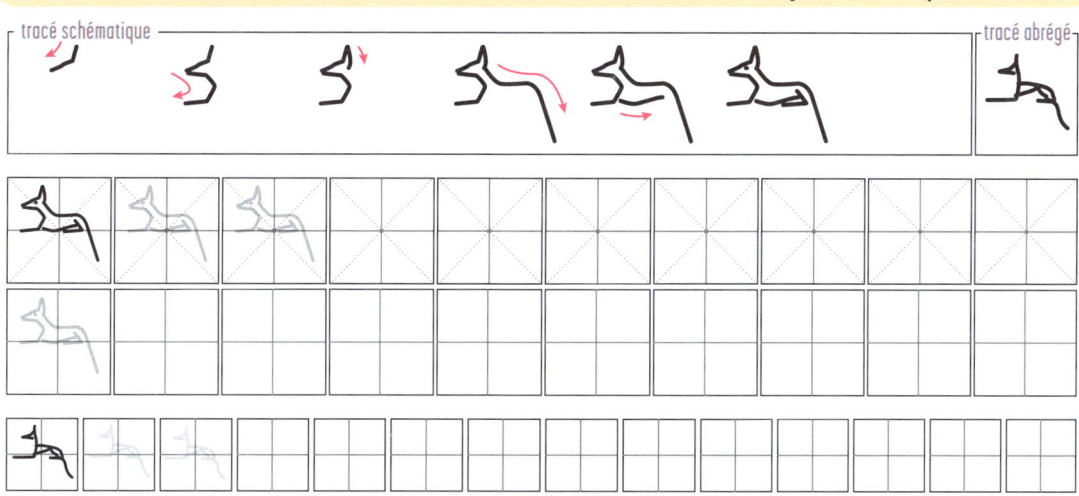

E20 – Animal du dieu Seth

Animal du dieu Seth *śtḥ* ou *śtš* [setech] *Seth*. Comme pour le C7, le museau de Seth doit être franchement busqué.

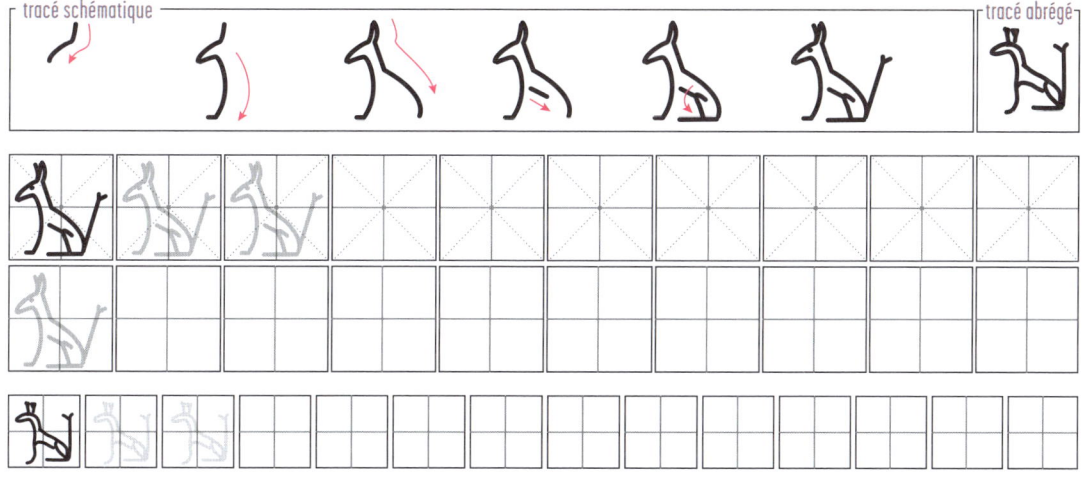

DESSINS PAS À PAS

E23 – Lion couché

Idéogramme de *lion* : *rw* [rou]. Valeur phonétique *rw* [rou] dans : *rw(i)·t* [rouït] *porte (sanctuaire)*.

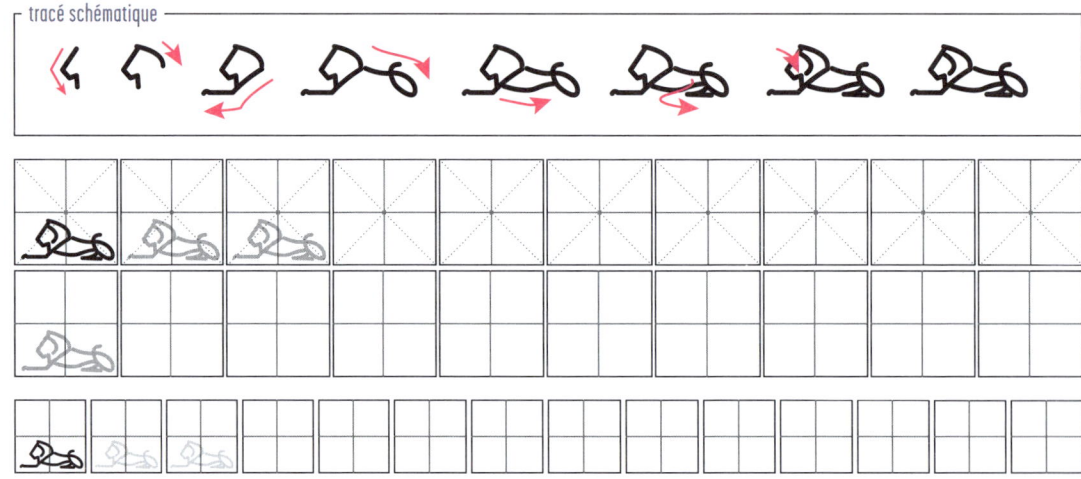

E24 – Panthère

Déterminatif et abréviation : *3bj* [abi] *panthère* ou *léopard*.

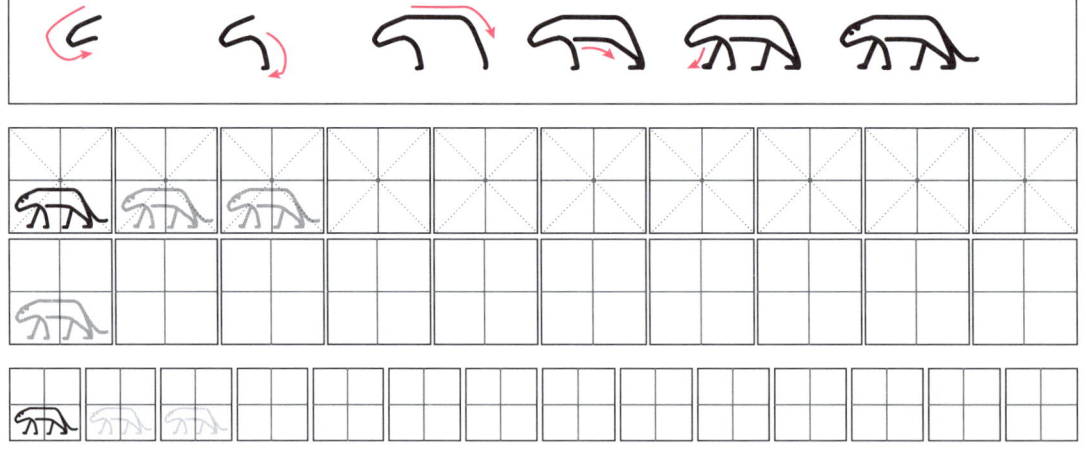

E25 – Hippopotame

Déterminatif : ḫb [kheb] *hippopotame*.

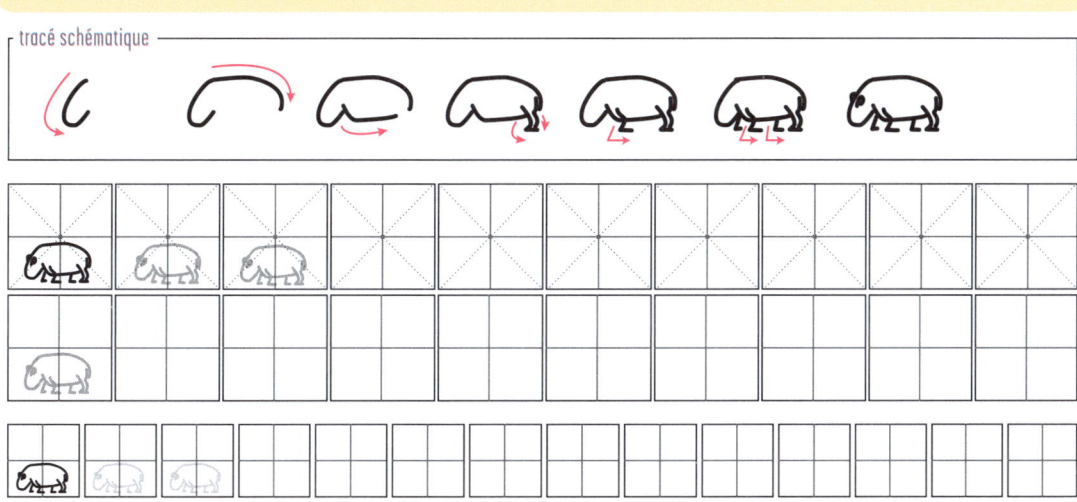

E31 – Chèvre avec sceau cylindre au cou

Phonétique signe-racine šꜥḥ [sâh] pour la notion de *dignité* : šꜥḥ [sâh] *noble*. Ce signe sert de base pour le tracé des E28 (oryx), E29 (gazelle) et E30 (ibex).

DESSINS PAS À PAS

E32 – Babouin

Déterminatif de *singes* et des *comportements simiesques* : *kj* [ki] *singe*, *babouin*.

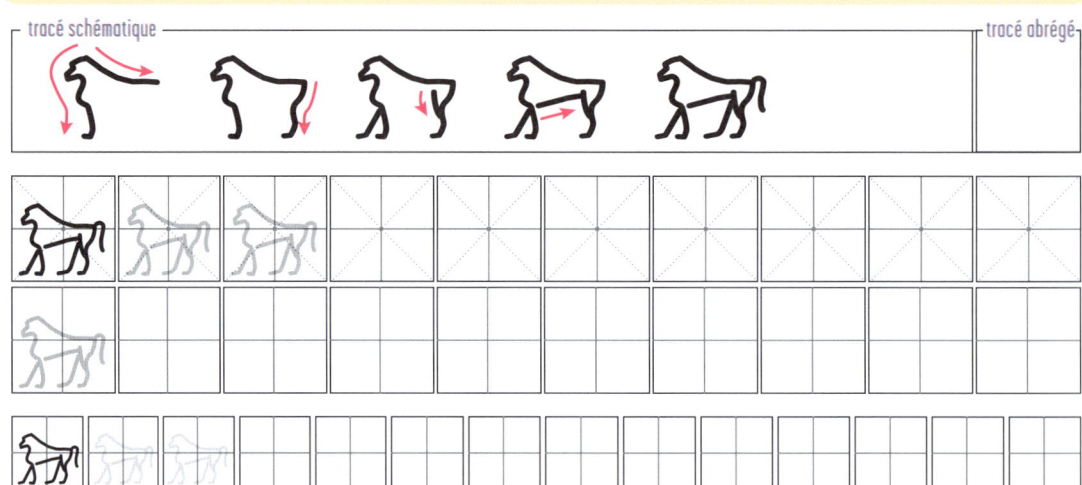

E34 – Lièvre

Déterminatif de *lièvre* : *sḫ ͑ t* [sékhât] *hase* et valeur phonétique *wn* [oun] venant d'un vieux mot égyptien pour *lièvre*, exemple : *wn* [oun] *ouvrir*.

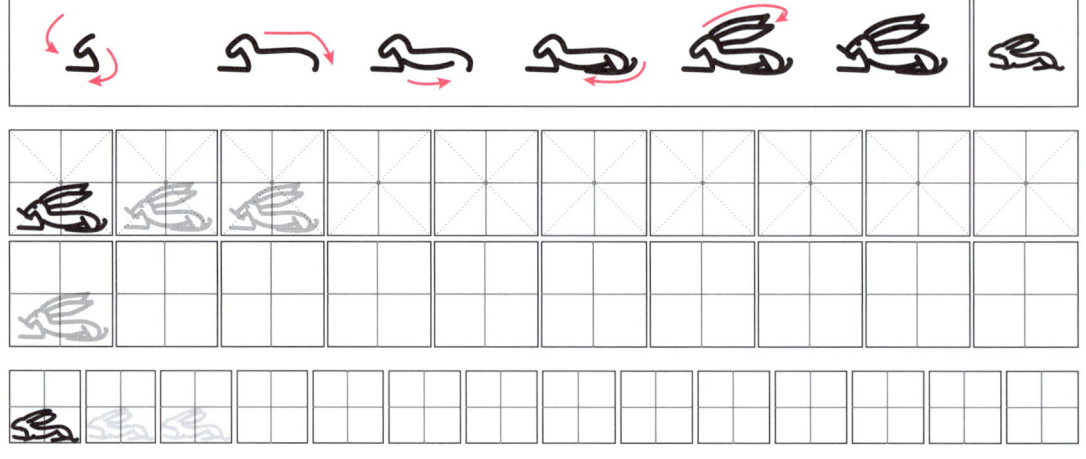

DESSINS PAS À PAS

F1 – Tête de bovidé

Abréviation de E1 dans les formules d'offrande : *dỉ=f pr(ỉ)·t-ḫrw t ḥnḳ·t kȝ ȝpd šš mnḫ·t ḫ·t nb·t nfr·t wʿb·t ʿnḫ·t nṯr ỉm* Qu'il fasse une offrande funéraire composée de pain, de cruches de bière, [de pièces] de bœuf, de volailles, [de vases] d'albâtre, [de pièces] d'étoffe, de toutes sortes d'offrandes bonnes et pures dont vit la divinité.

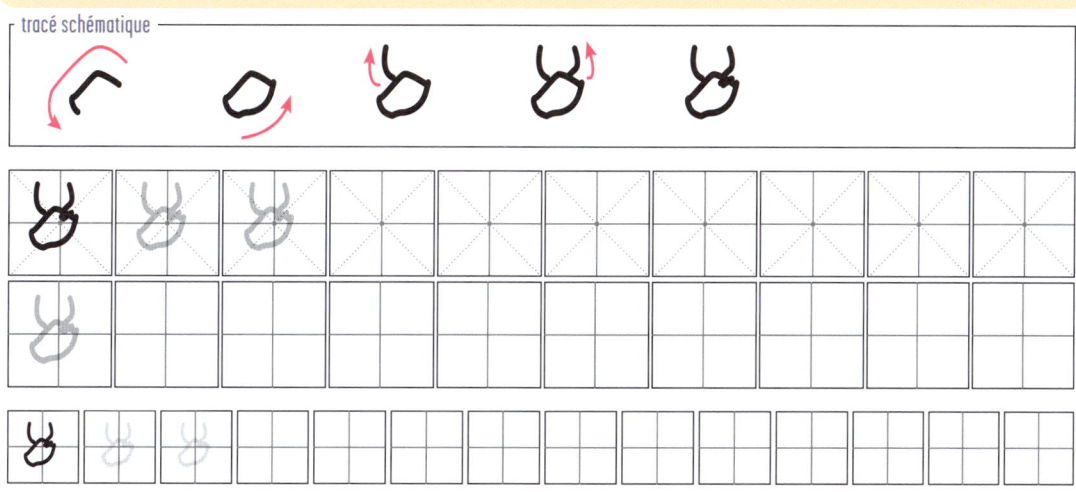

F2 – Tête de taureau furieux

Tête de taureau furieux comme déterminatif dans *dnd* [djened] *rage*. Peut parfois être confondu avec le F5 (tête de bubale, voir ci-après).

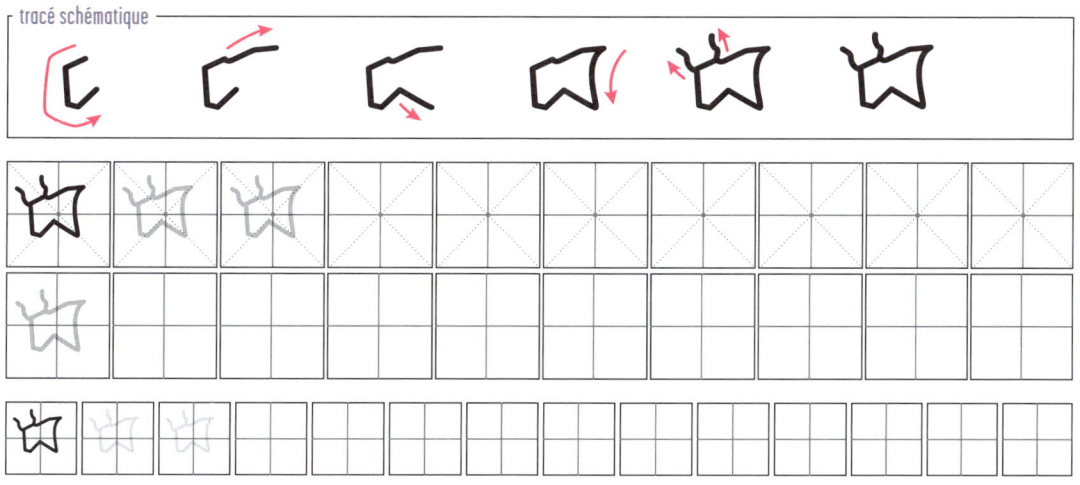

51

DESSINS PAS À PAS

F3 – Tête d'hippopotame

La tête d'hippopotame se confond parfois avec le signe F9 (tête de léopard). Déterminatif pour *instant* ou *moment* : ꜣ·t [at] *moment*, *instant* ou *temps*.

F4 – Protomé (partie antérieure) de lion

Idéogramme et phonétique signe-racine : ḥꜣ·t [hat] *devant*, *à l'avant* (ce qui est à l'avant ou antérieur) ; ḥꜥtj-ꜥ [hâti-â] *prince* (étymologiquement du latin « princeps », *premier*).

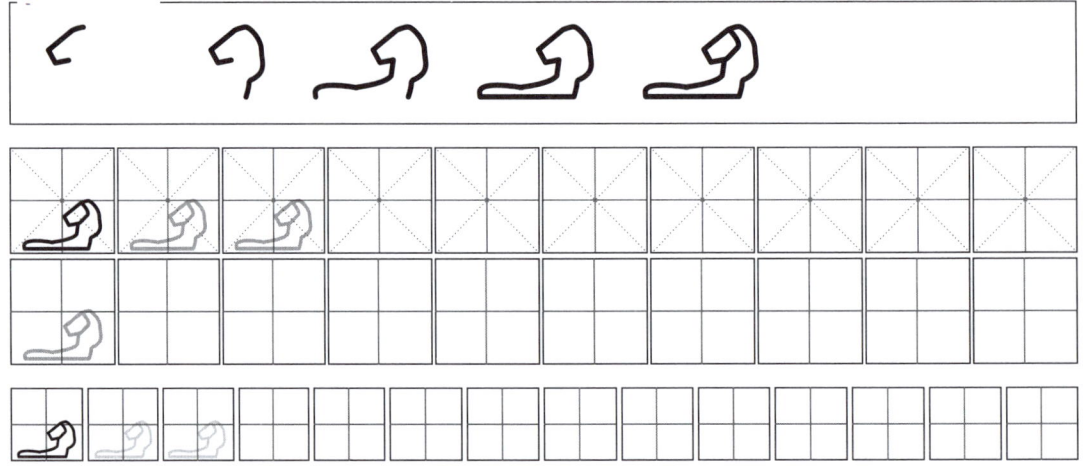

DESSINS PAS À PAS

F5 / F6 – Tête de bubale / Protomé (partie antérieure) de bubale

Le F6 (partie antérieure de bubale) est une variante du F5 (tête de bubale). Phonétique signe-racine *šs3* ou *šs3* : [chessa] *intelligent, habile* ; *šs3·t* [sechat] *crépuscule*.

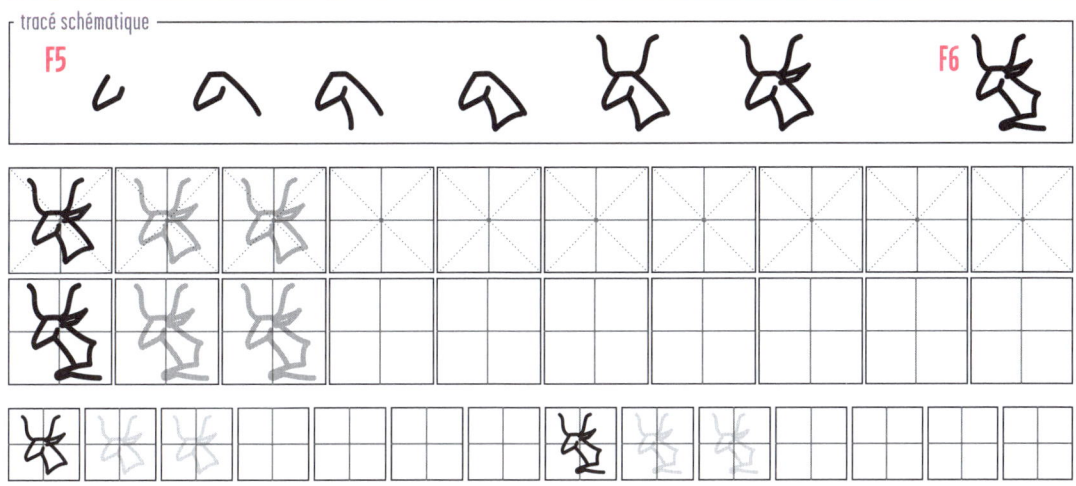

F7 / F8 – Tête de bélier / Protomé (partie antérieure) de bélier

F7 est le déterminatif dans *šf·t* [chefet] *tête de bélier* (une des figures d'Amon). Phonétique signe-racine *šf* avec le sens de *respectabilité* : *šfšf·t* [chefchefet] *dignité*.

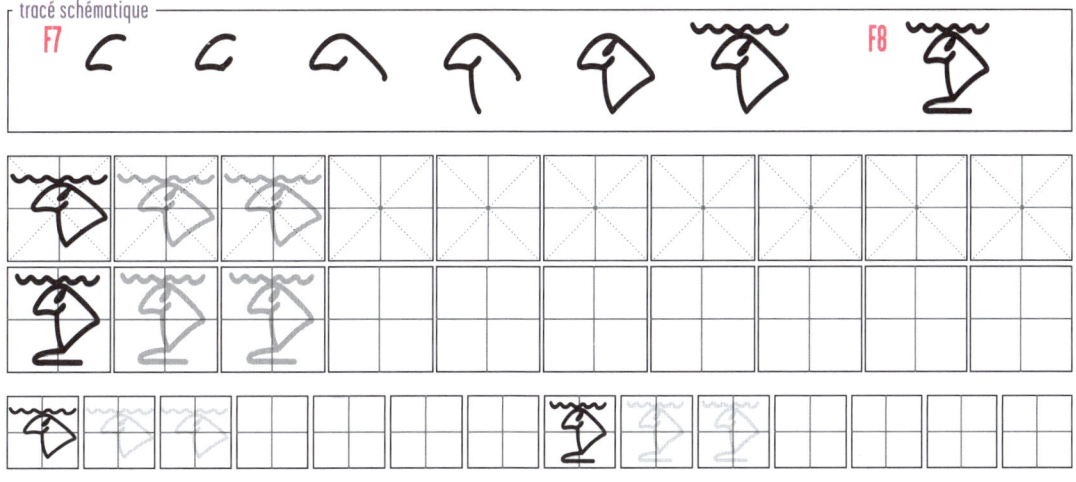

DESSINS PAS À PAS

F9 / F9a – Tête de léopard / Double tête de léopard

Le F9 (tête de léopard) est très souvent remplacé par le signe F3 (tête d'hippopotame). La double tête de léopard (F9a) est un déterminatif et une abréviation de *force* : *pḥ·tj* [pehti] *force, puissance, pouvoir* (d'un roi ou d'un dieu).

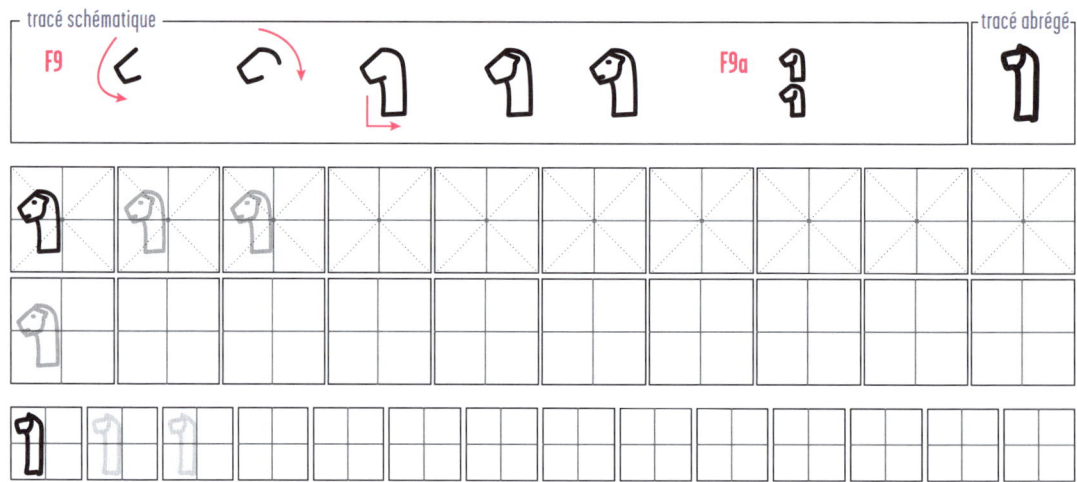

F12 – Tête et cou de canidé

Idéogramme de *wśr·t* [ouseret] *cou* et phonétique signe-racine *wśr*, avec le sens de *puissant* : *wśrw* [ouserou] *force, puissance*.

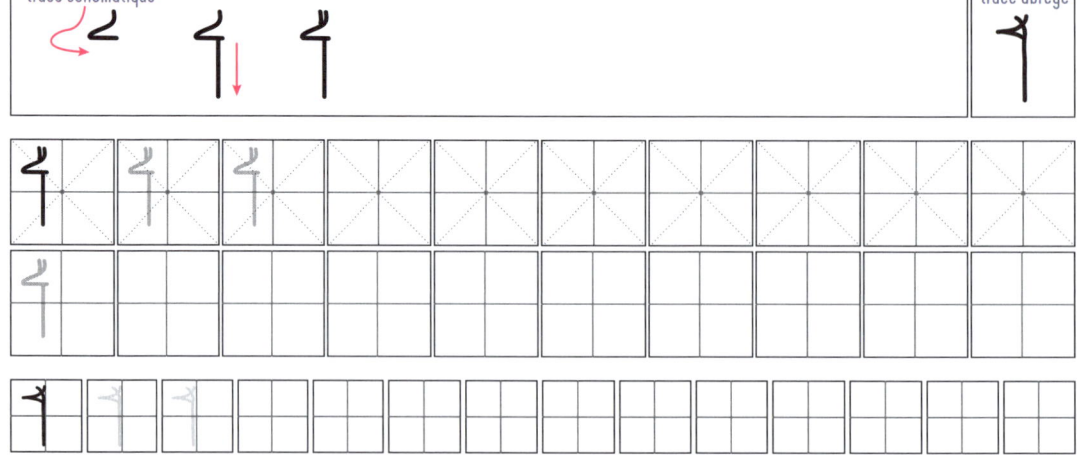

F21 – Oreille de vache

Valeurs phonétiques śḏm/sḏm : śḏm [sedjem] *écouter, entendre* ; śḏm-ʿš [sedjem-âch] *serviteur, domestique*. Déterminatif et abréviation dans mśḏr [mesdjer] *oreille*.

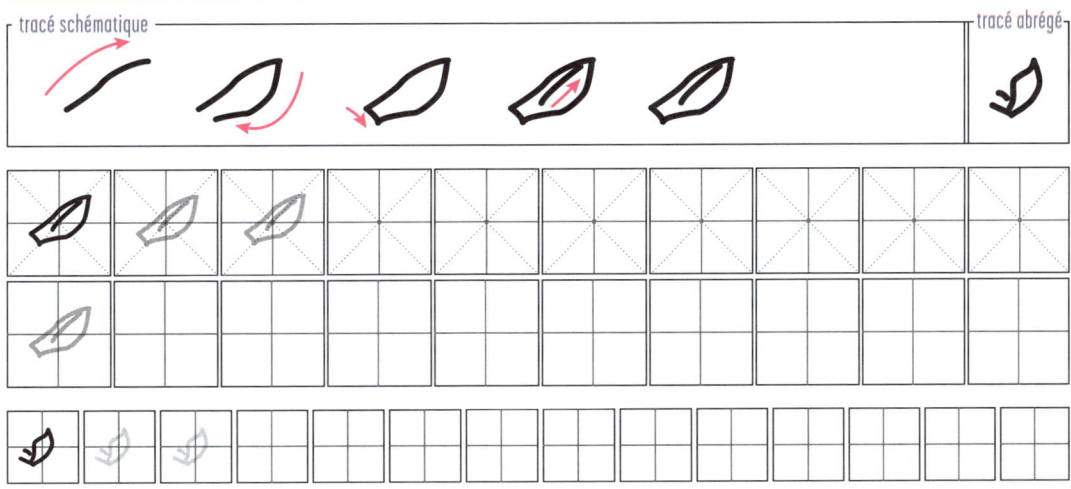

F22 – Arrière-train de lion

Valeur phonétique pḥ : pḥ [peh] *atteindre* ; pḥwj [pehouï] *fin, issue, limite*. Ce signe occupe un demi-cadrat horizontal.

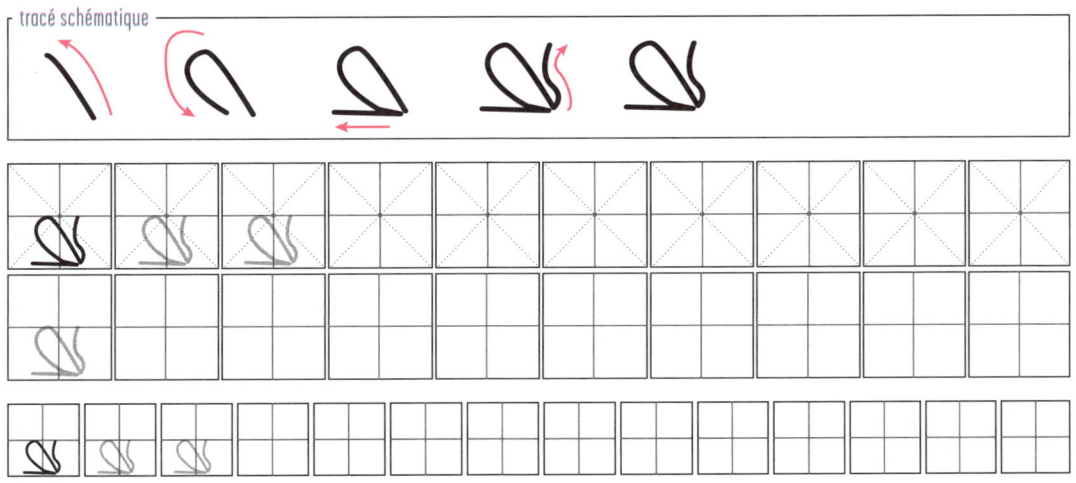

F26 – Peau de chèvre, sans tête

Phonétique signe-racine pour la notion d'*envelopper* : ẖnw [khenou] *résidence*.

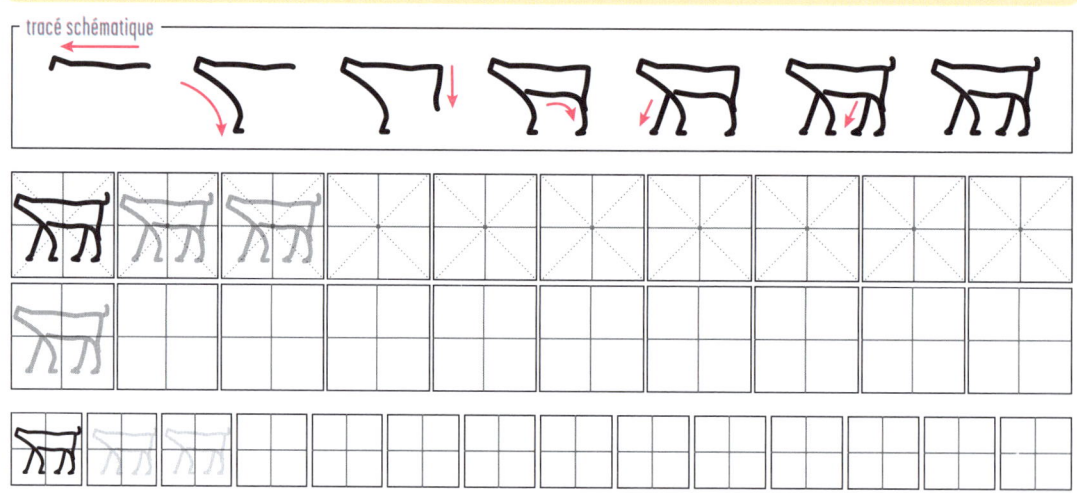

F30 – Outre en peau

Valeur phonétique *šd* : wšd [ouched] *s'adresser à* ; *poser une question*.

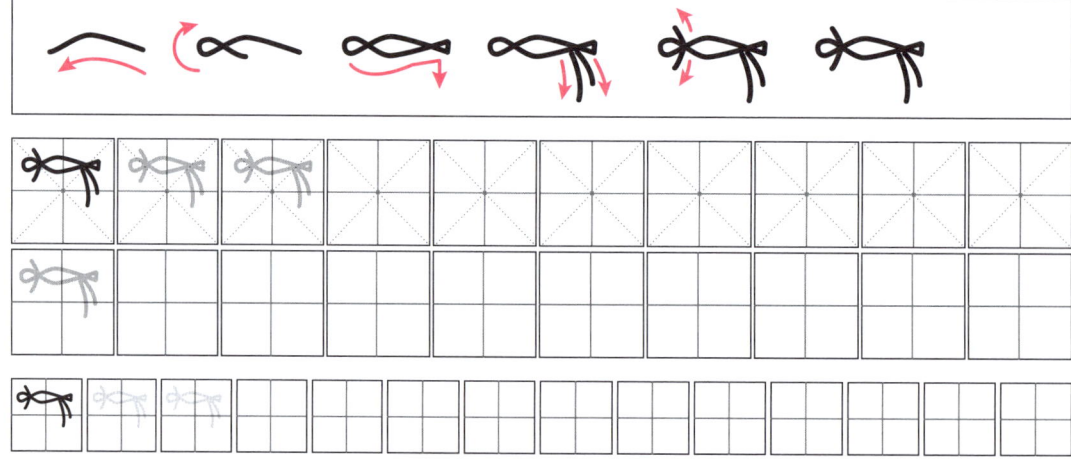

F32 – Ventre d'un mammifère*

Idéogramme : ḫ·t [khet] *ventre* ; *chair*.

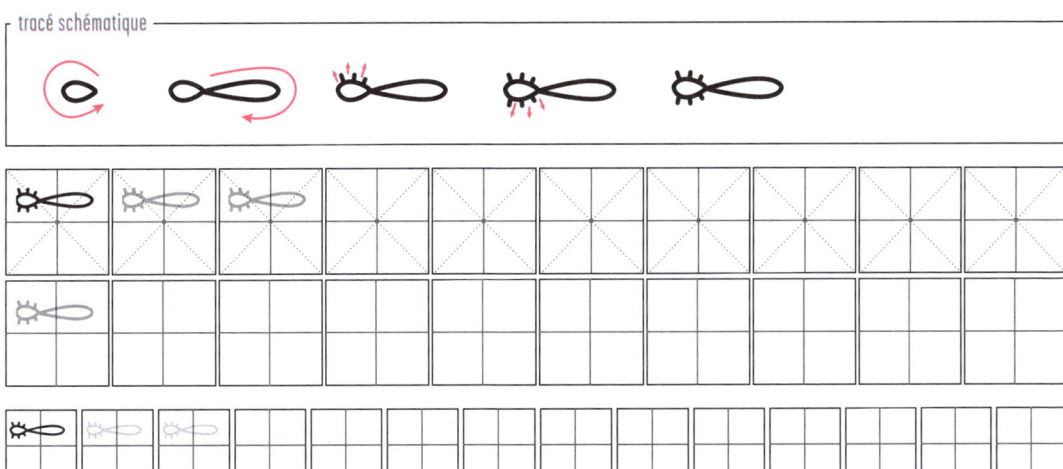

* Identification débattue.

F35 – Cœur et trachée

Phonétique signe-racine *nfr* [nefer] pour les notions de *perfection*, d'*achèvement*, de *beau*, *bon* : *nfr* [nefer] *être beau, parfait* ; *nfrj·t* [neferit] *fin, extrémité* ; *nfr-tm* [nefertem] *Nefertoum*. Il existe une variante tardive avec un seul trait horizontal dans la partie supérieure du signe.

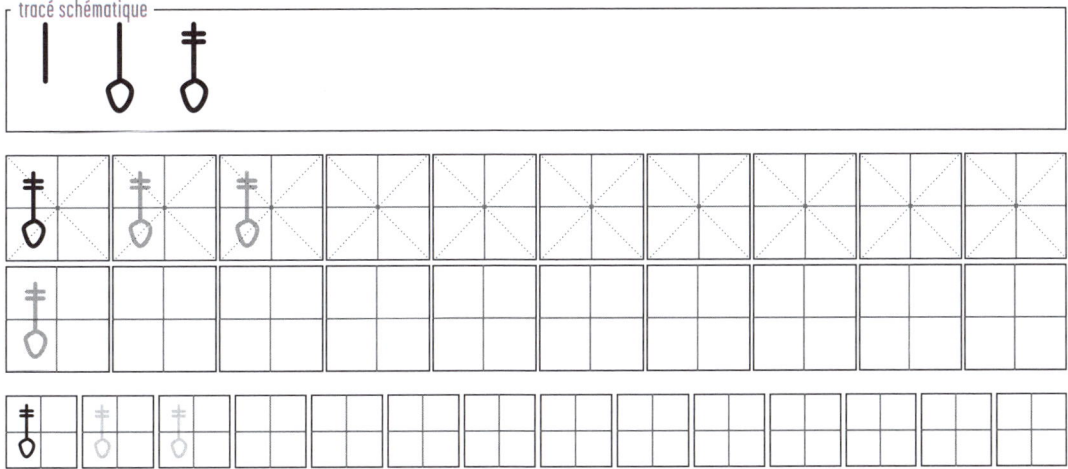

DESSINS PAS À PAS

F39 – Épine dorsale et côtes d'un seul côté avec moelle s'écoulant

Phonétique signe-racine pour la notion de *vénérable* : *imȝḫw* [imâkhou] *vénérable*.

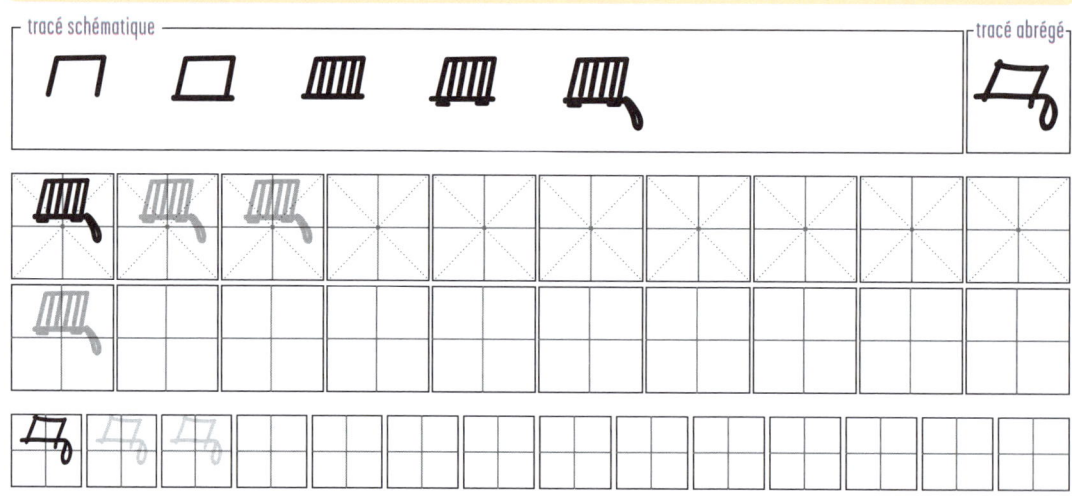

G1 – Vautour percnoptère

Il faut veiller à ce que le tracé abrégé n'entraîne pas de confusion avec d'autres signes, les G4 et G5 en particulier (voir ci-après). Idéogramme et valeur phonétique ȝ [a] : ȝpd [aped] *oiseau* (au pluriel *volaille* en général) ; ʿȝ [âa] *grand*.

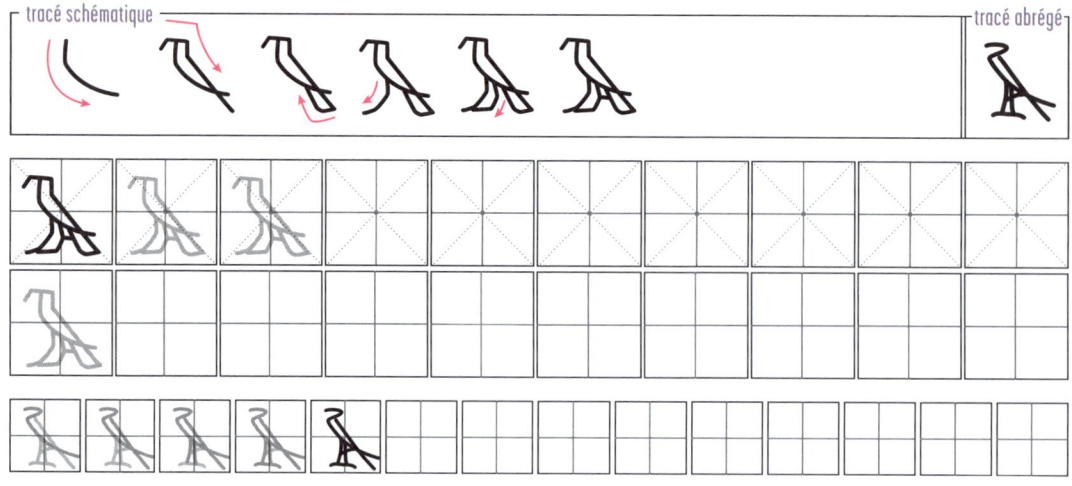

DESSINS PAS À PAS

G4 – Buse

La seule différence significative entre cet oiseau et G1 🐦 est l'arrière arrondi de la tête. Il existe une variante d'époque tardive avec barbillon (excroissance de chair sous le cou). ou variante graphique 𓋴𓏏𓇋𓅱 *stjw* [setiou] *les Nubiens* ; 𓈌𓏏𓅱 *3htjw* [akhetiou] *ceux de l'horizon*.

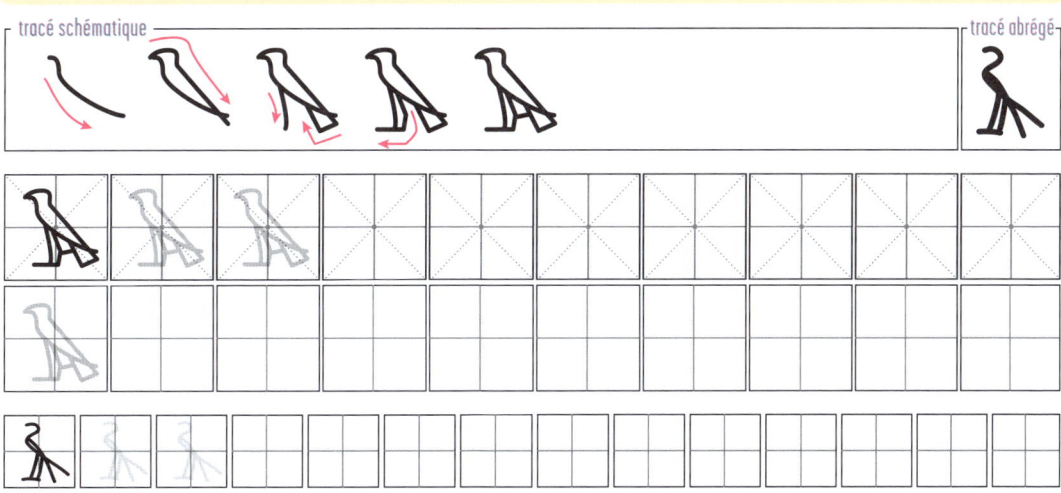

G5 – Faucon

Idéogramme : 𓅃 ou variante 𓅃𓈌 *hr 3hj* [her-akhi] *Horus de l'horizon* ; 𓅃𓐝𓈌 *hr-m-3h·t* [her-em-akhet] *Horus sur l'horizon*. Les étapes du tracé sont similaires à celles du G4.

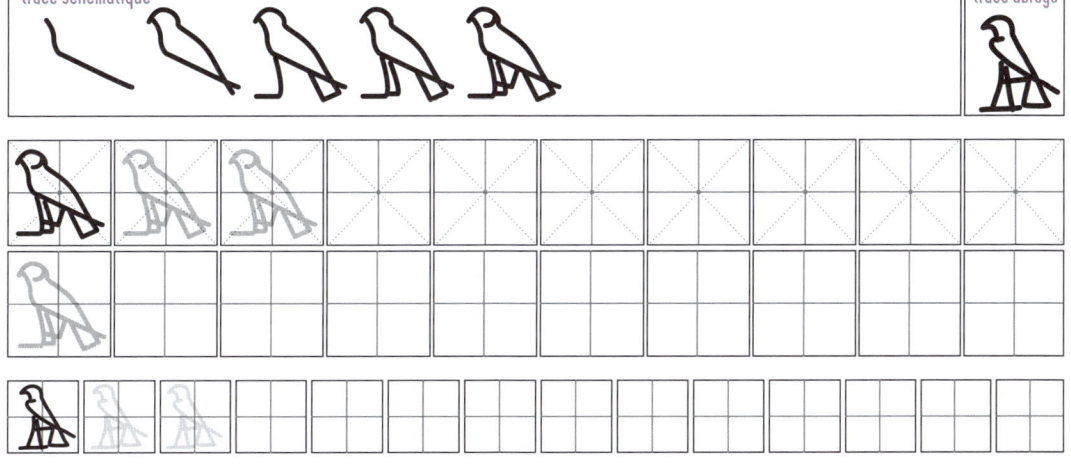

DESSINS PAS À PAS

G7 – Signe composite : faucon perché sur un pavois (R12)

Déterminatif fréquent pour *roi* ou *dieu* en hiératique : ḫprj *Khépri* (forme matinale du dieu soleil) ; également pronom personnel de la première personne du singulier (voir A1) renvoyant à un dieu ou un roi. Voir aussi le R13 (faucon Horus perché sur un pavois orné d'une plume).

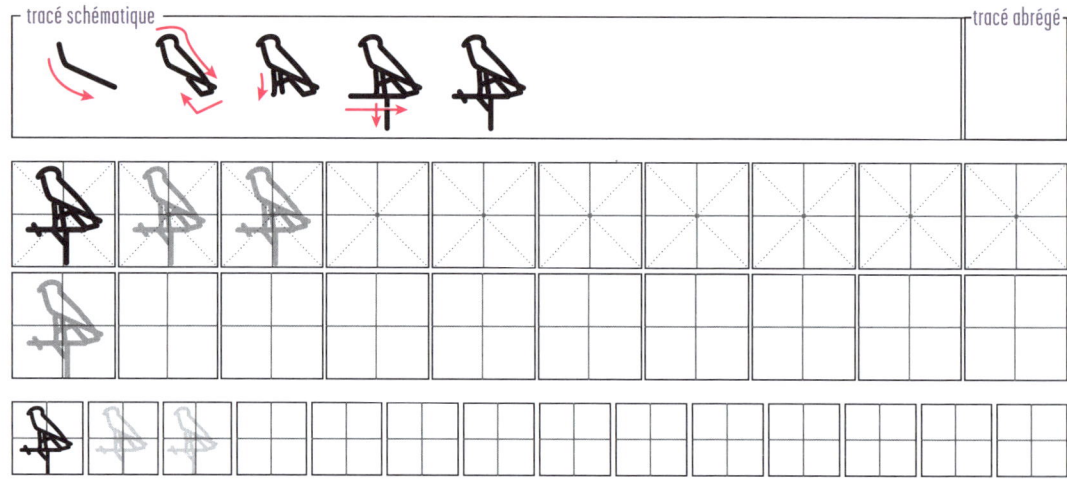

G14 – Vautour

Valeur phonétique *mw* et déterminant phonétique *nr* ; exemples de tracés abrégés : *mw·t* [mout] *mère* ; *nr·t* [neret] *vautour* ; *nrw* [nerou] *crainte, terreur, effroi*.

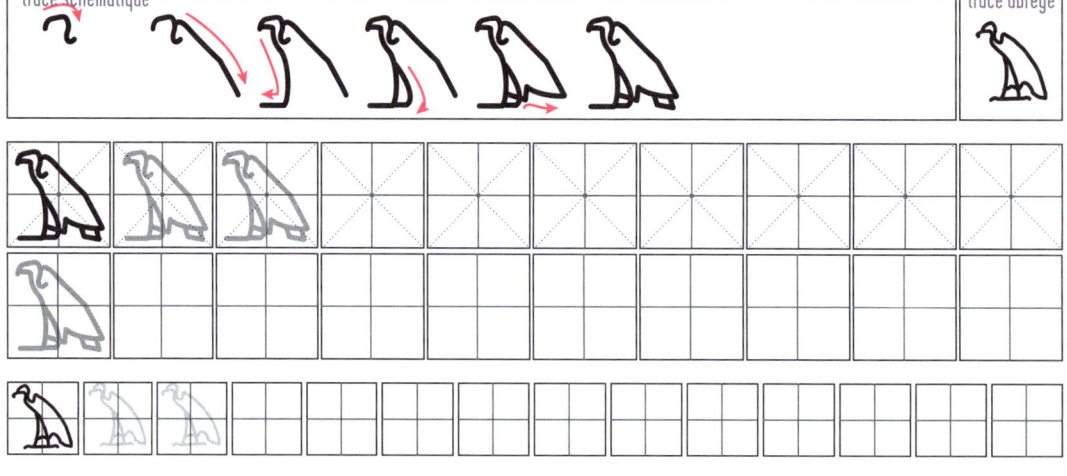

G16 – Signe composite : vautour (G14) et cobra (I12) sur la corbeille (V30)

Idéogramme : *nbtj* [nebti] *les deux maîtresses* (Nekhbet, déesse-vautour, protectrice de Haute Égypte et Ouadjet, déesse-cobra, protectrice de Basse Égypte). Voir les signes G14 et I12.

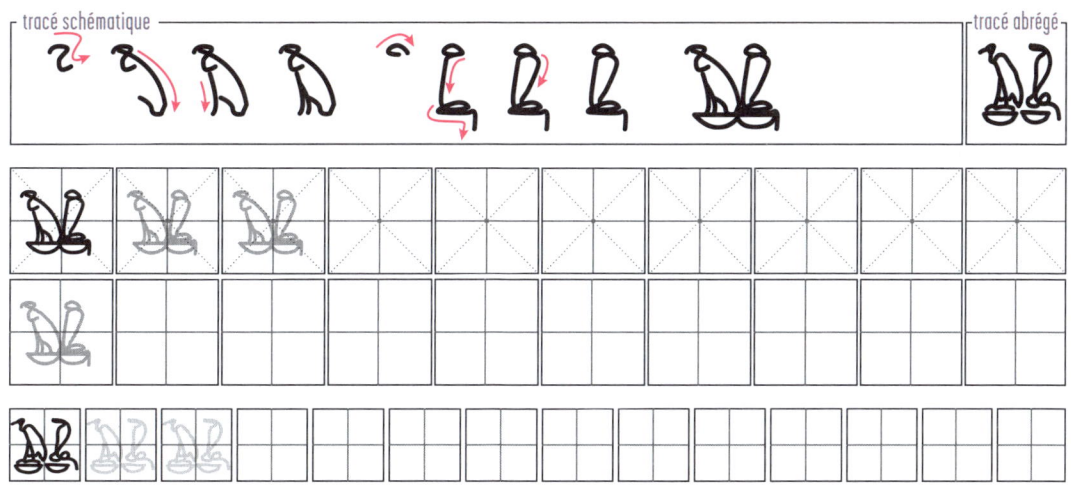

G17 – Chouette ou hibou

Valeur phonétique *m*. Il existe plusieurs tracés abrégés possibles (voir p. 14, les étapes du tracé abrégé proposé).

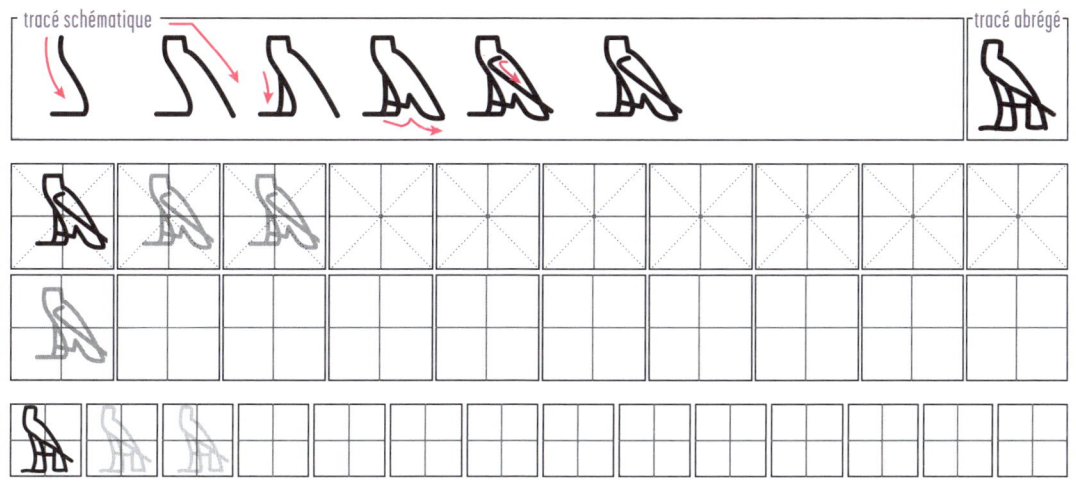

DESSINS PAS À PAS

G21 – Pintade

Le G21 se distingue du G1 et du G4 par la double crête et les barbillons (sur le cou). Idéogramme : *nḥḥ* [neheh] *éternité*.

G22 – Huppe

Valeur phonétique *ḏb* : *ḏb·t* [djebet] *brique* (crue séchée au soleil). Le mot nous a été transmis par l'intermédiaire du copte et de l'arabe pour donner « (la brique) adobe ».

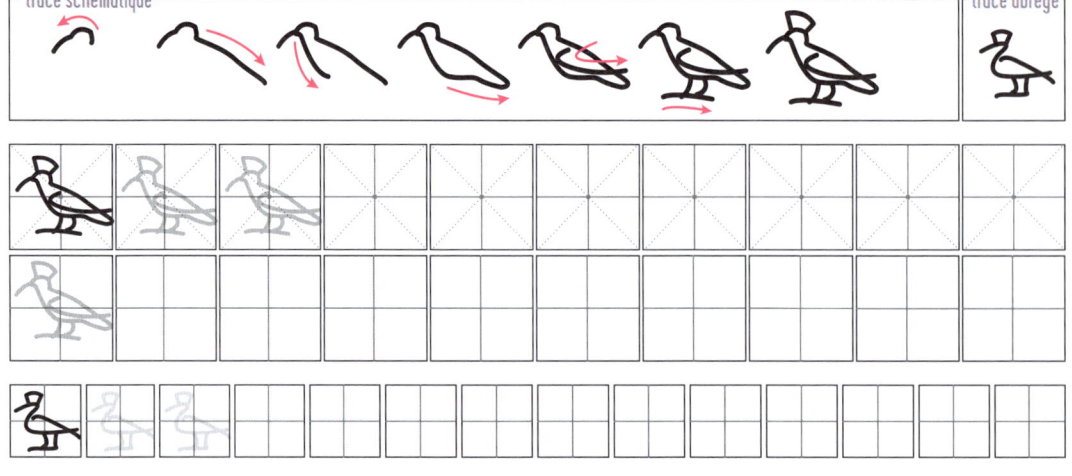

G23 – Vanneau

Idéogramme pour r*ḫj·t* [rehit] *vanneau* et phonétique signe-racine r*ḫj* pour *le caractère commun* (ordinaire, banal) : r*ḫj·t* [rekhit] *peuple (soumis), sujets*.

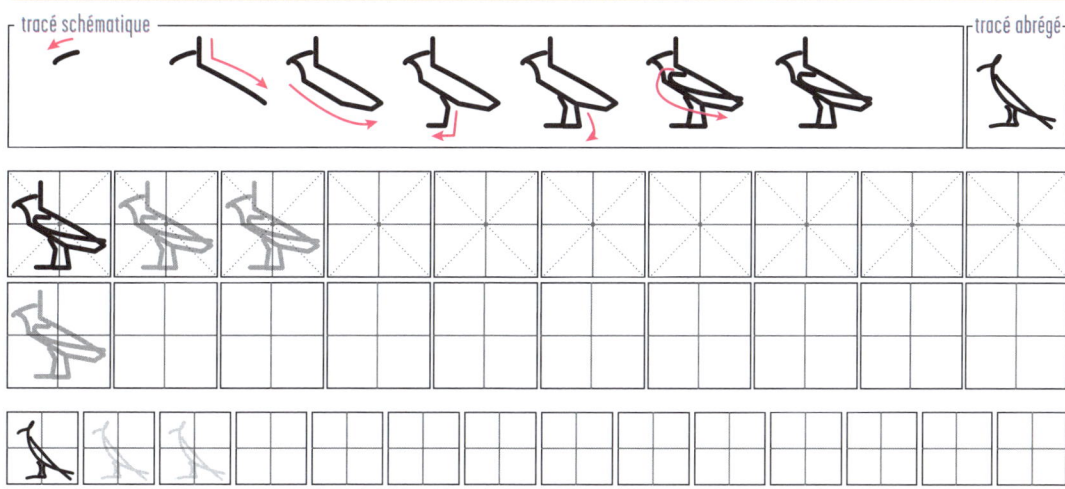

G24 – Vanneau avec les ailes entrecroisées

Variante du précédent : r*ḫj·t* [rekhit] *peuple (soumis), sujets*. Les ailes sont déployées, mais les pennes entrecroisées pour entraver le volatile, symbolisant ici le peuple soumis. Ce détail n'est visible que sur les hiéroglyphes peints ou ciselés.

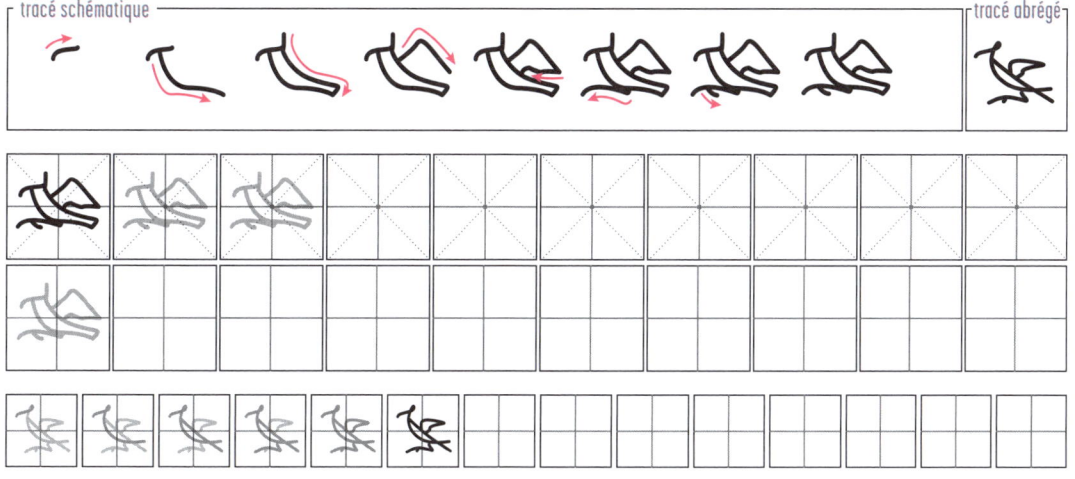

DESSINS PAS À PAS

G25 – Ibis à aigrette

Phonétique signe-racine *ȝḫ* *brillant*, *glorieux*, *utile* ; exemple de tracé abrégé : *ȝḫ* [akh] *utile*, *profitable* et aussi *glorieux*, *splendide*.

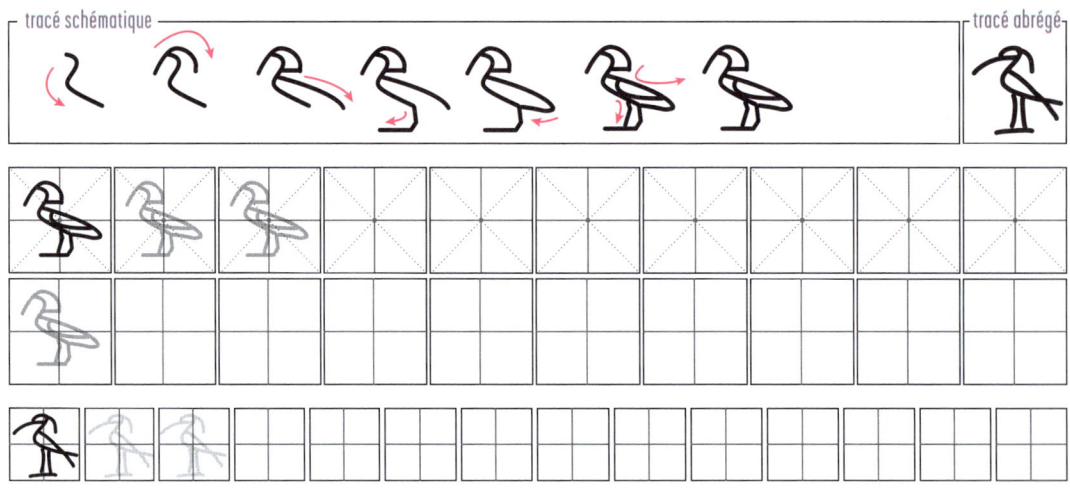

G26 – Signe composite : ibis sacré sur le pavois

Idéogramme : *ḏḥwtj* [djehouti] *Thot*. Djehouty, Thot pour les Grecs, est un dieu lunaire à tête d'ibis ; son bec évoque le croissant de lune. Il est réputé être le maître des hiéroglyphes, écritures (divines).

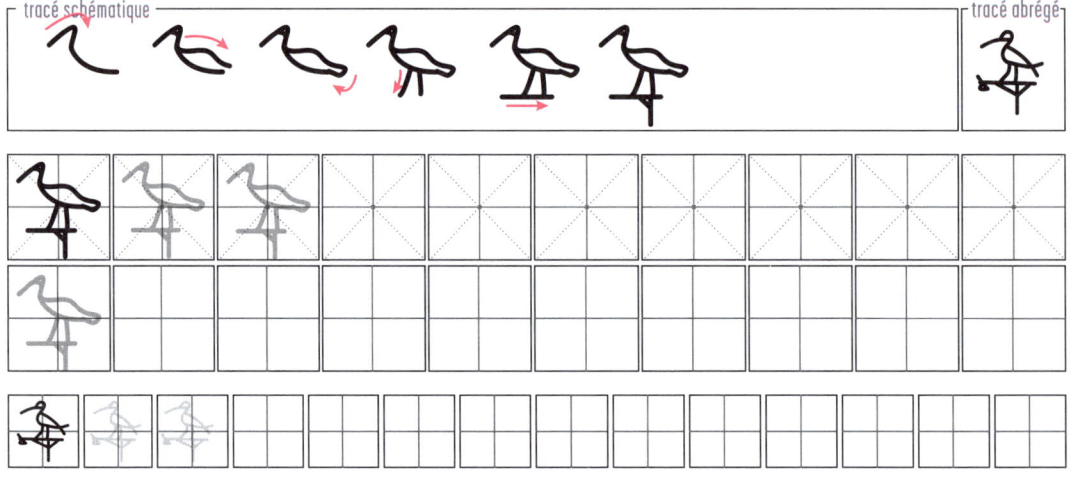

DESSINS PAS À PAS

G27 – Flamant

Valeur phonétique *dšr* : *dšr* [decher] *être / devenir rouge.*

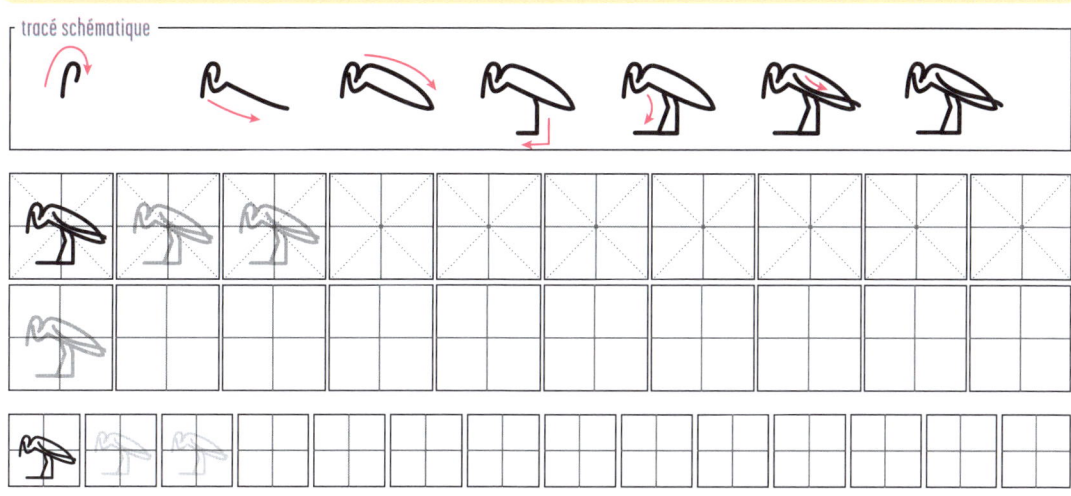

G28 – Ibis noir

Valeur phonétique *gm* : *gmỉ* [gemi] *trouver.*

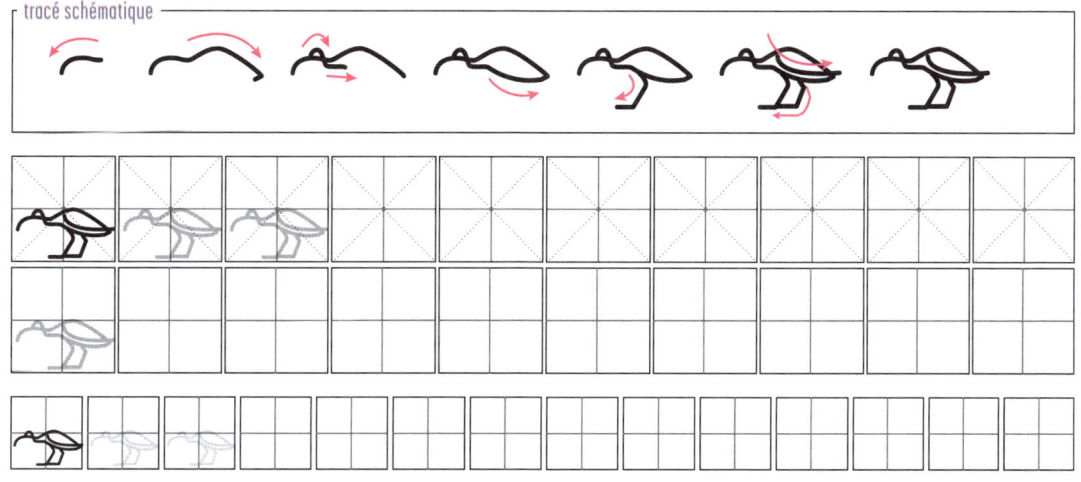

DESSINS PAS À PAS

G29 – Cigogne (jabiru)

Idéogramme *b3* [ba] *âme* ; valeur phonétique *b3* : *b3k* [bak] *serviteur*.

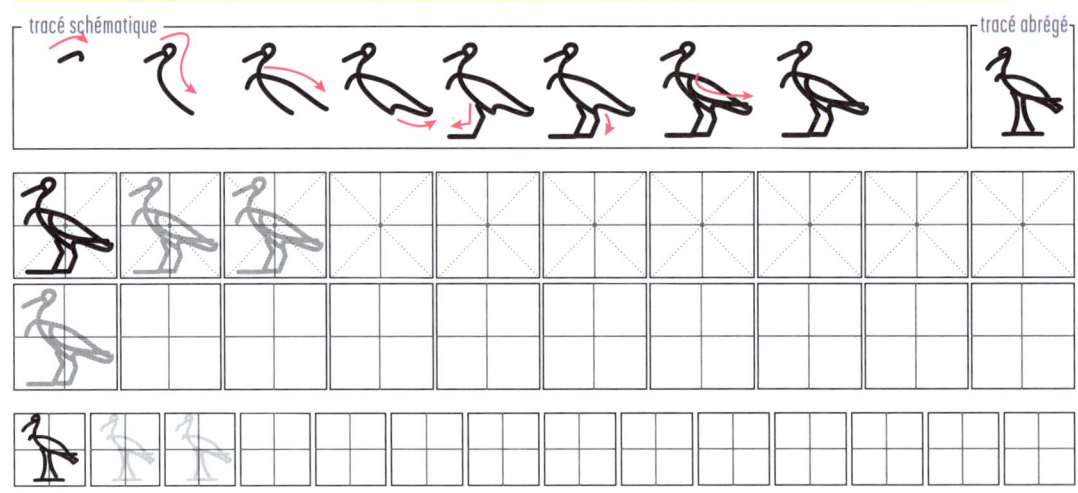

G30 – Trois jabirus (monogramme)

Idéogramme des *b3·w âmes-oiseaux* et valeur phonétique : *b3w* [baou] *puissance, pouvoir, autorité*.

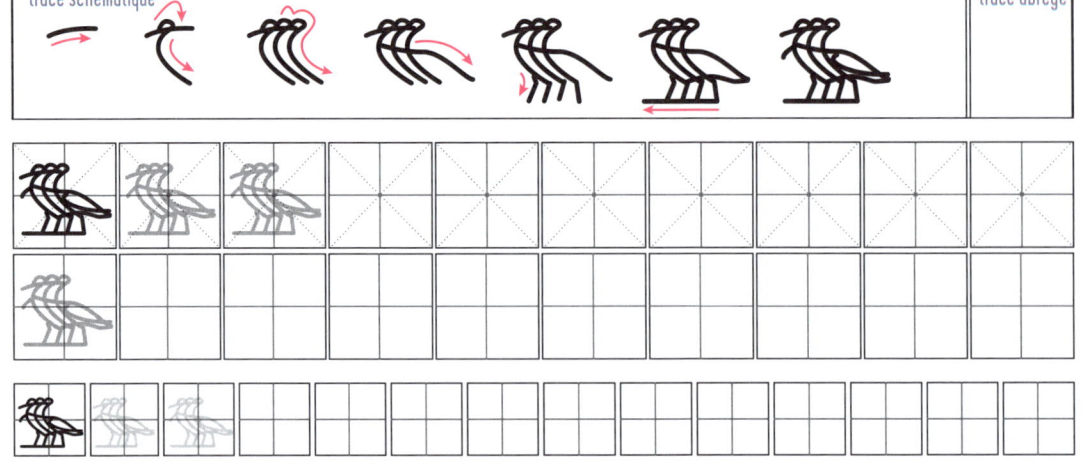

G31 / G32 – Héron / Héron perché

Le G31 est le déterminatif et l'abréviation de ![bnw] *bnw* [benou] *phénix*. G32 est le déterminatif de *bꜥḥ* : ![bahi] *bꜥḥi/j* [bâhi] *être inondé.* Les pattes du G32 sont repliées et reposent sur un perchoir à trois pieds. Le corps peut être simplifié et prendre la forme d'un ∞.

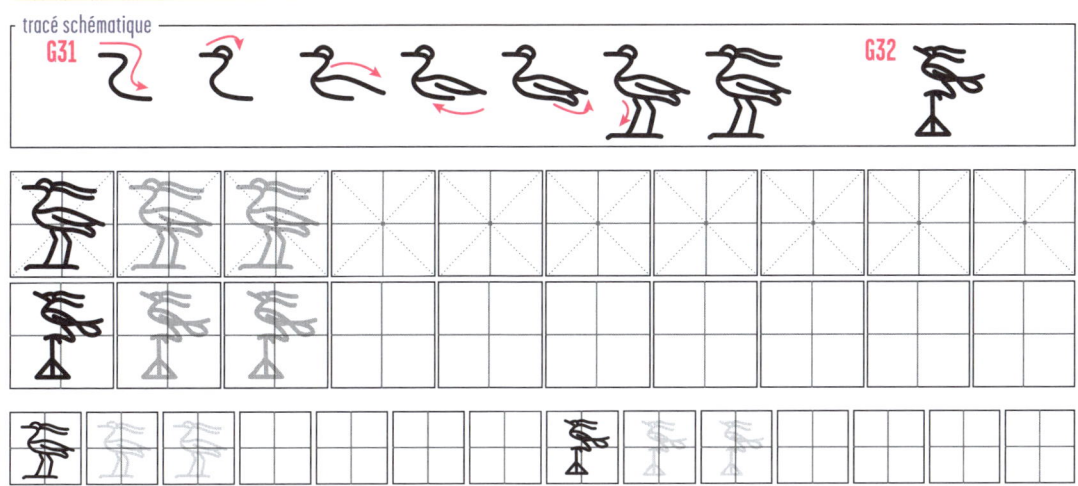

G33 – Aigrette

Cet échassier est le héron garde-bœuf dont le comportement est associé à l'action de trembler / secouer (exemple : le mâle secoue des brindilles dans son bec lors de la parade) : ![sda] *śdꜣ* [seda] *trembler, être agité d'un tremblement.*

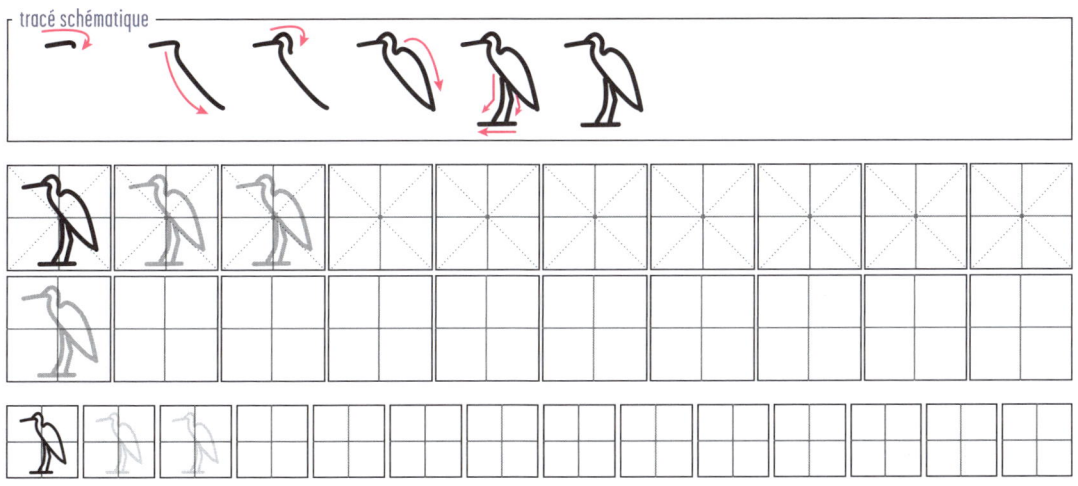

DESSINS PAS À PAS

G35 – Cormoran

Par analogie avec le plongeon du cormoran, phonétique signe-racine de *pénétrer* : ꜥkw [âqou] *revenus, provisions*.

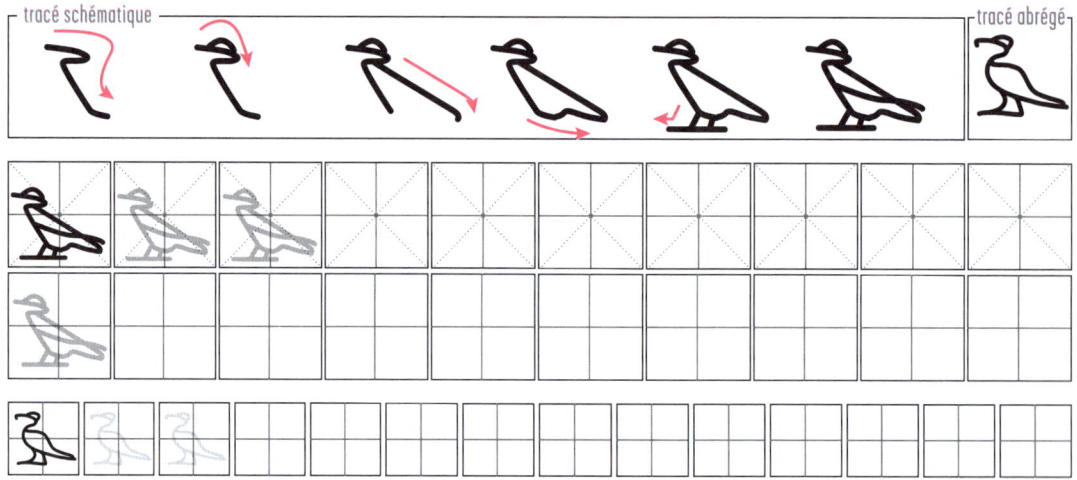

G36 – Hirondelle

Valeur phonétique wr : wr [our] *grand* ; wrḏ [ouredj] *fatigué*. La queue en « pince à linge » doit permettre de distinguer le G36 (hirondelle) du G37 (moineau).

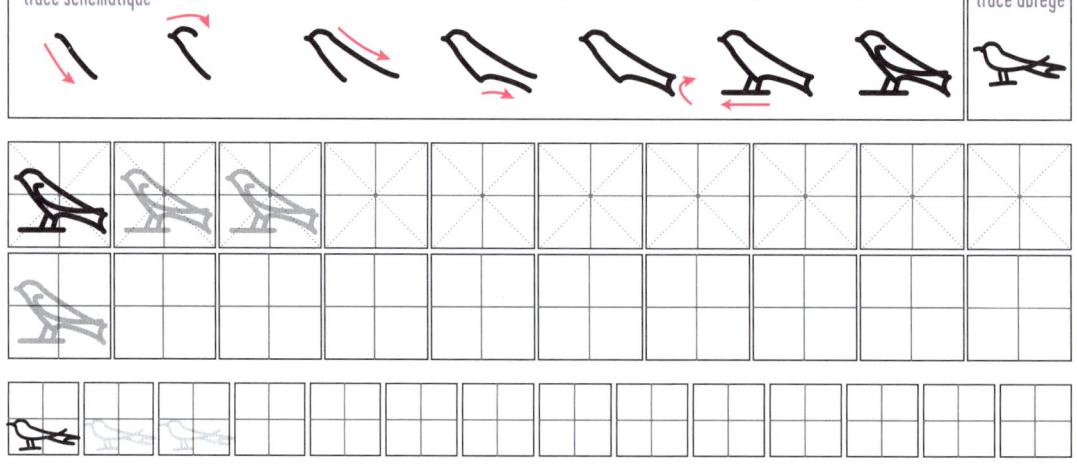

G37 – Moineau

Déterminatif pour les notions de petitesse, de fragilité, voire des aspects négatifs (mal, mauvais) : ~~~ ndś [nedjes] *petit* ; bìn [bin] *mauvais*.

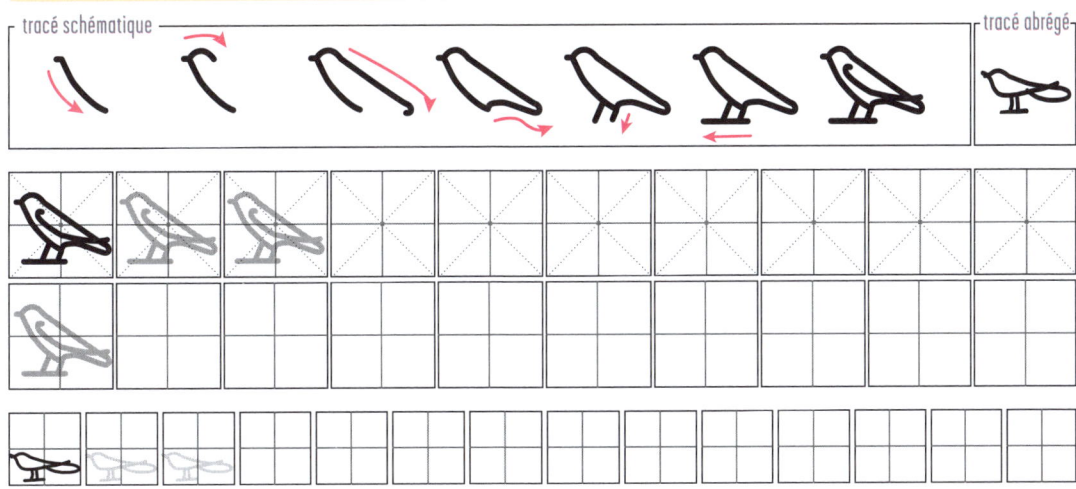

G38 – Oie

Le G38 sert d'idéogramme pour l'*oie* gb [geb] d'où la valeur phonétique pour gb(b) [gebeb] *le (dieu) Geb*. Déterminatif des oies et des canards (ansérinés) 3pd [aped] *oiseau* (au pluriel *volaille* en général). Comme déterminatif, il est en concurrence avec le G39 .

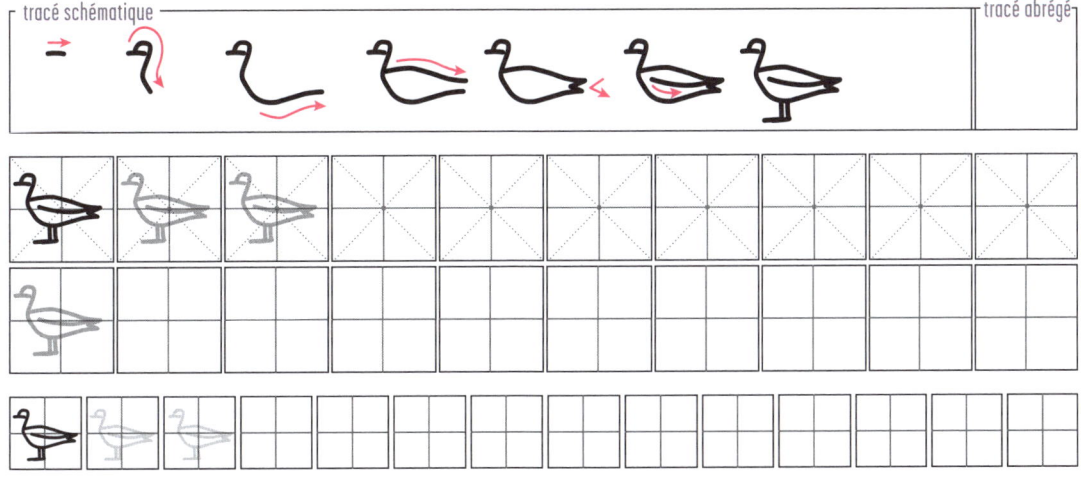

DESSINS PAS À PAS

G39 – Canard pilet

Il s'agit du canard pilet à la longue queue effilée, sans doute le plus commun ; en égyptien *s3t* [sat]. Valeur phonétique *s3* : 🦆° *s3 rˁ* [sa râ] *fils de Rê* (dieu Soleil). En le dessinant, il faut veiller à terminer la queue en pointe pour le distinguer du G38 🦢 (oie) qui le remplace parfois.

G40 / G41 – Oie volant / Oie se posant

Le corps pour les deux signes est identique à part l'orientation du bec et la position des ailes. De part et d'autre du corps il signifie *s'envoler*, du même côté sur le dos *se poser*. Exemples : G40 🦢🦅 *p3* [pa] *ce, ce… -ci* ; G41 ⚬🦅🦢 *ḫn* [khen] *discours, parole*.

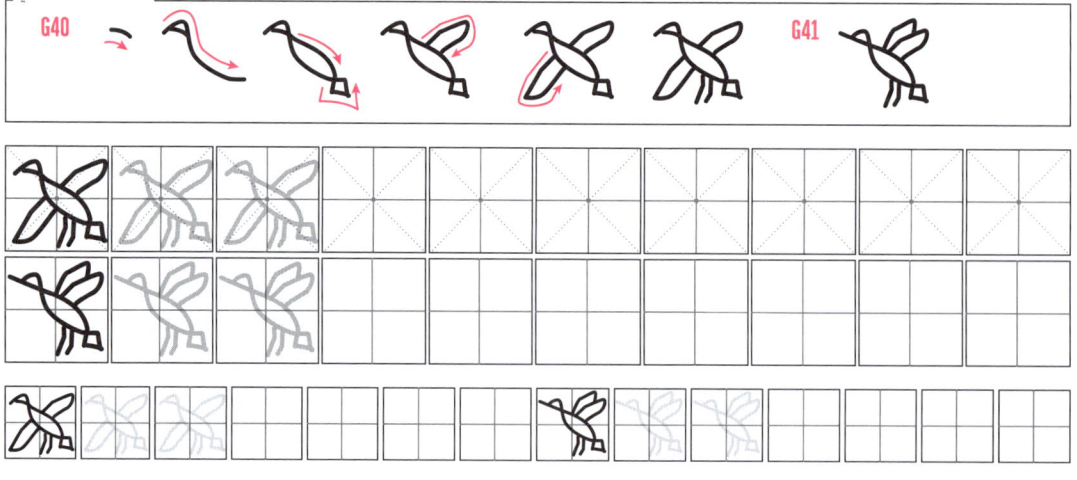

G43 – Poussin de caille

Poussin de caille ; valeur phonétique *w*. Pour le tracé abrégé, voir p. 13.

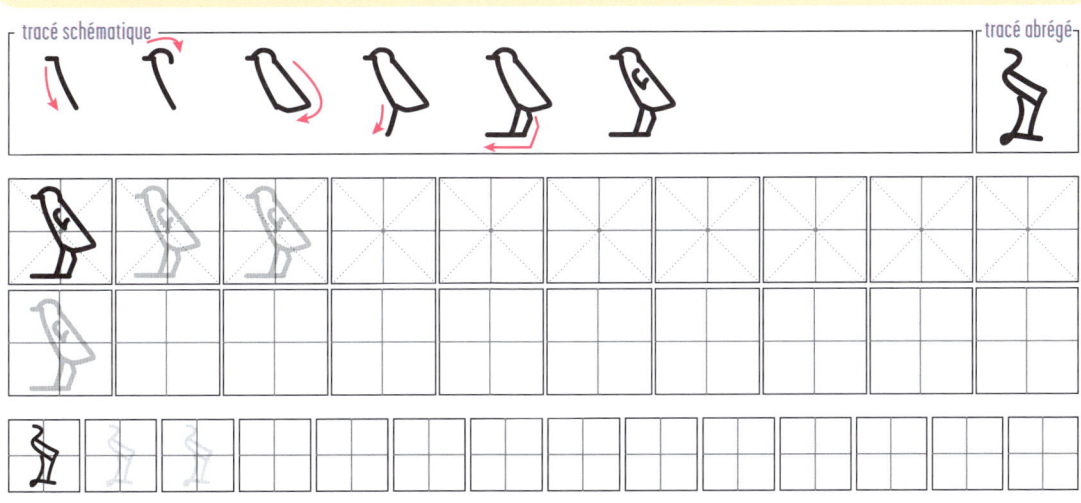

G47 – Jeune canard

Valeur phonétique *ṯ* : *ṯj* [tchaï] *mâle* ; *masculin*.

DESSINS PAS À PAS

G49 – Trois jeunes canards dans un étang

Idéogramme : sš [sech] *marais, nid.*

G51 – Aigrette* dépeçant un poisson

Déterminatif et abréviation : ḥˁm [hâm] *pêcher, attraper.*

*Identification débattue.

G53 – Oiseau à tête humaine précédé du signe R7

Oiseau à tête humaine précédé du signe R7 (gobelet brûle-encens). Idéogramme de b3 [ba] *âme-oiseau* (s'écrit aussi avec G29). Le visage porte parfois une barbe.

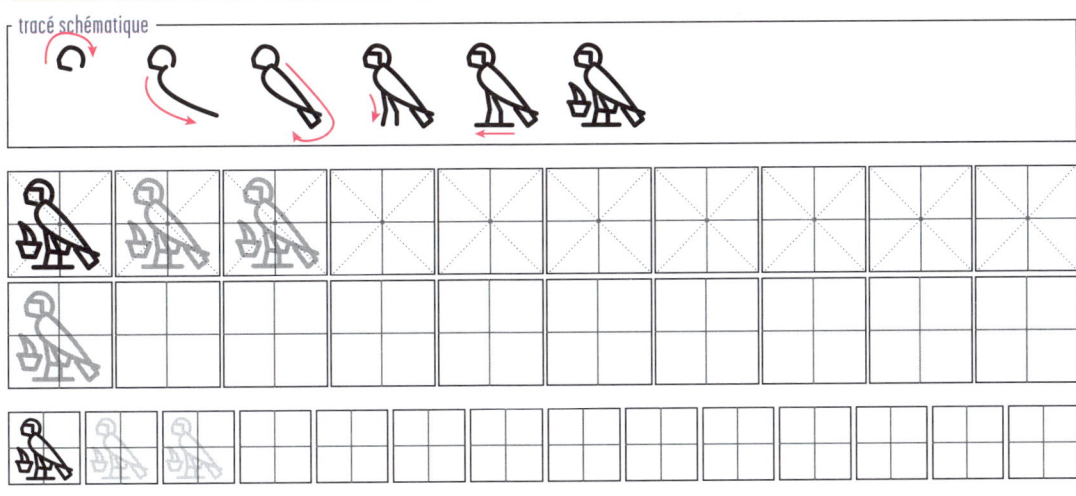

G54 – Oie troussée

Valeur phonétique śnd : śnd [senedj] *craindre*.

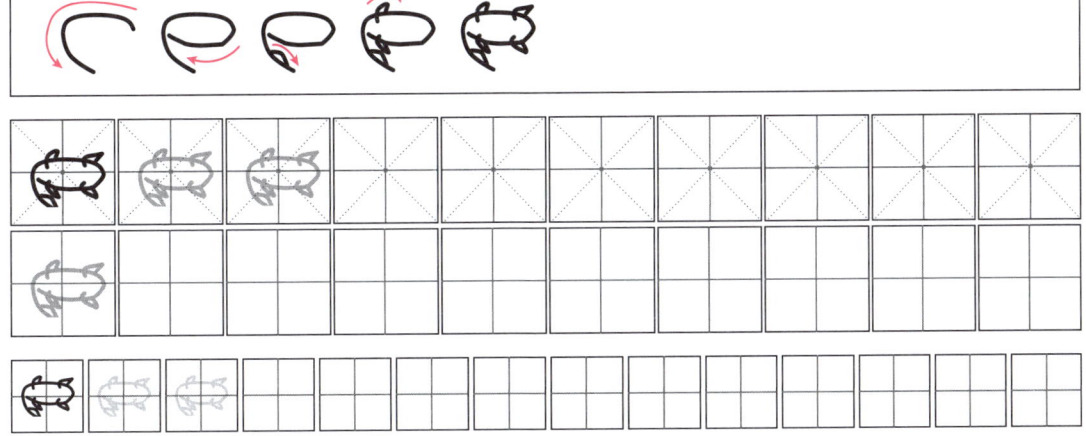

H1 / H2 – Tête de canard pilet ou d'oie / Tête d'oiseau à aigrette

H1 est la forme abrégée de G54 et sert d'abréviation pour *3pd·w* [apedou] *volailles* dans les listes d'offrandes (voir G38 et F1). H1 est déterminatif de *wšn* [ouchen] *tordre le cou (à un oiseau)*. H2 est déterminatif phonétique *wšm* : *wšm* [ouchem] *grain de blé*. Le H2 est parfois confondu avec H3 (tête de spatule).

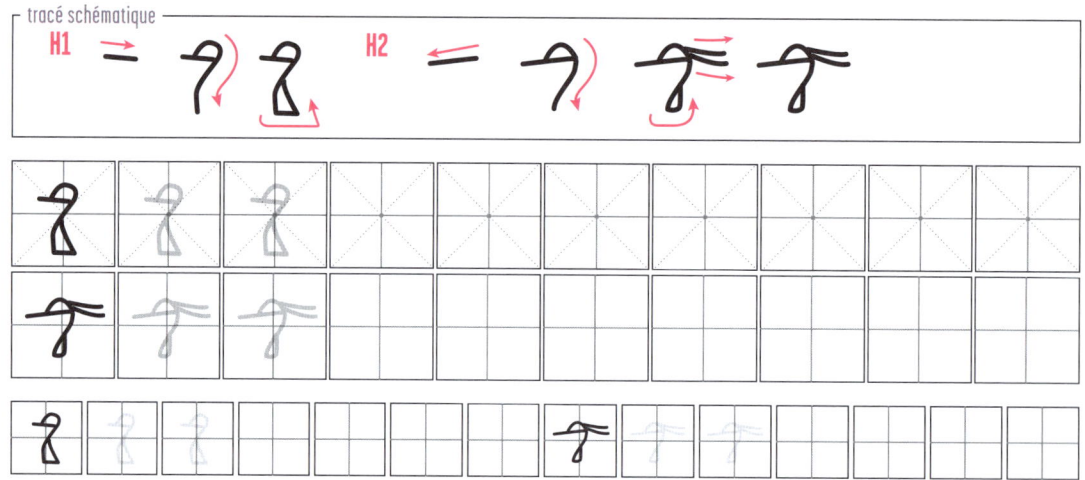

I1 – Lézard

Idéogramme pour [âcha] *lézard*, *gecko* et phonétique signe-racine pour *multitude* : [âcha] *beaucoup*, *nombreux*.

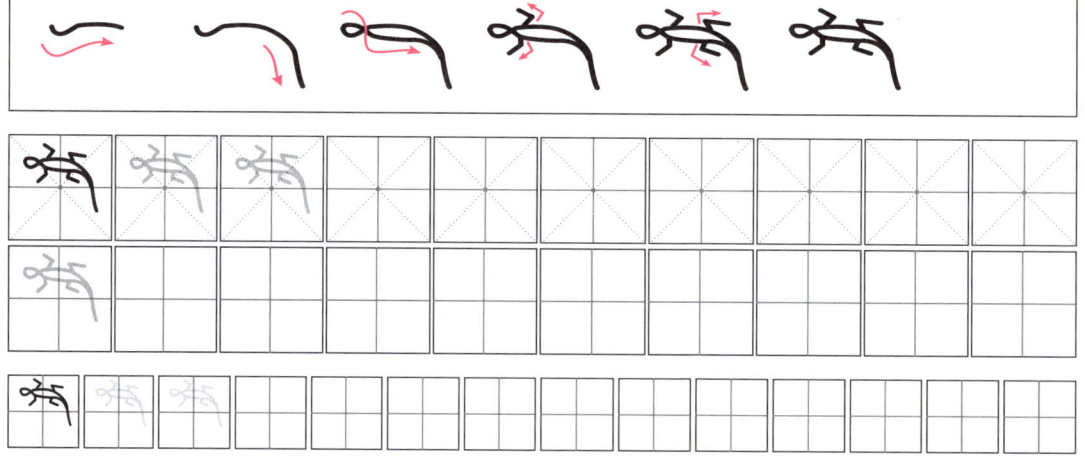

DESSINS PAS À PAS

I3 / I3a – Crocodile / Deux crocodiles

Déterminatif et abréviation de 🐊 *mśḥ* [meseh] crocodile. Le I3a constitue un rébus basé sur la valeur phonétique exceptionnelle *it* [it] de I3 et se lit *itj* [ity] dans 🐊🐊, *souverain*, *maître*, la graphie courante étant : 𓇋𓏏𓏭𓀀. Ce rébus (I3a) fait référence à l'agressivité du maître : *ȝd* [ad] *être agressif*.

I7 – Grenouille

Déterminatif de *grenouille* : 𓎛𓏺𓃀𓆗 *ḥkt* Héqet (déesse grenouille).

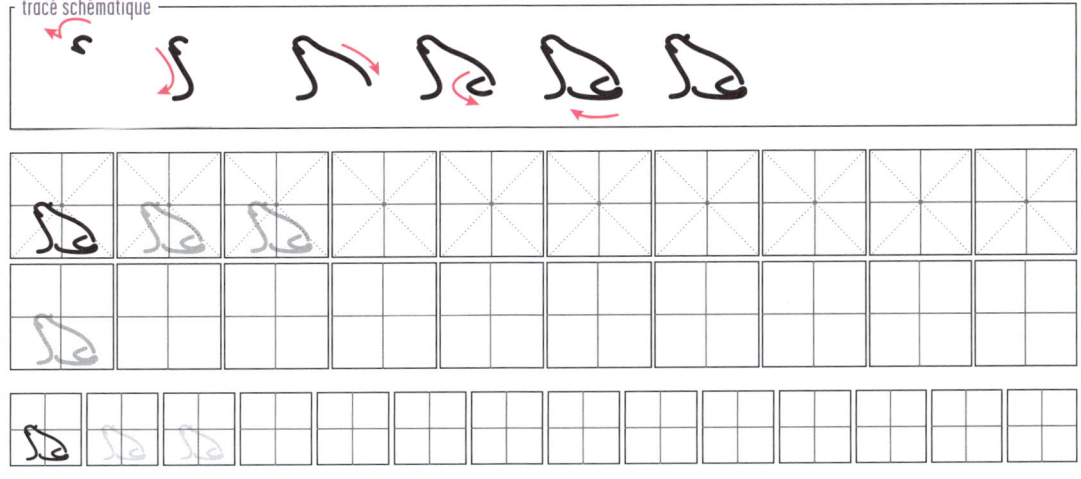

DESSINS PAS À PAS

I8 – Têtard

Déterminatif de *têtard* et valeur phonétique *ḫfn* [hefen] dans : 𓆔 *100 000* (signe arithmétique, voir p. 117).

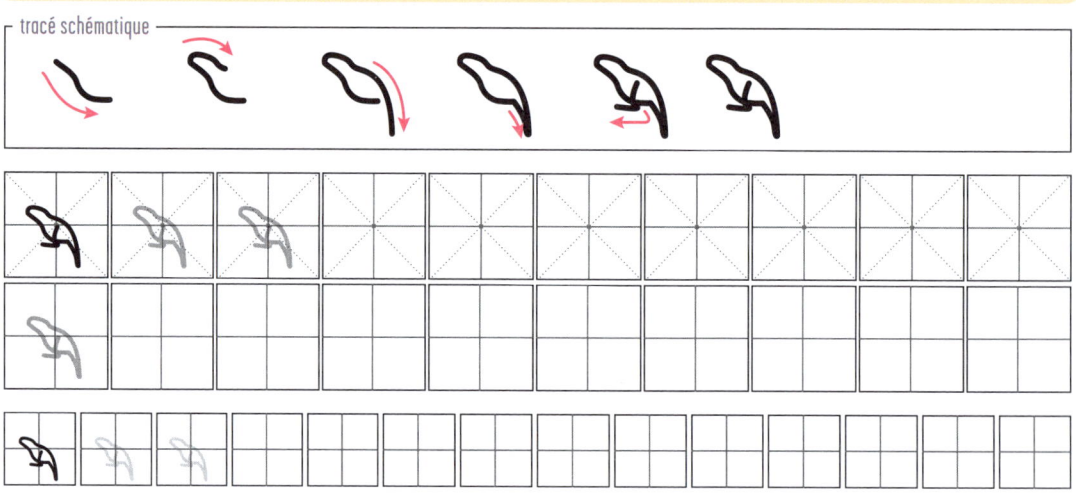

I12 / I13 – Cobra dressé / Cobra dressé sur une corbeille

Déterminatif de uraeus 𓇋𓂝𓂋𓆗 *iʿr·t* [iâret] *uraeus*, ce qui signifie serpent dressé (du grec οὐραῖος [ouraïos] *caudal*) et déterminatif de la déesse 𓇅𓂋𓆗 *wꜣḏ·t Ouadjet*, déesse-cobra, protectrice de Basse Égypte.

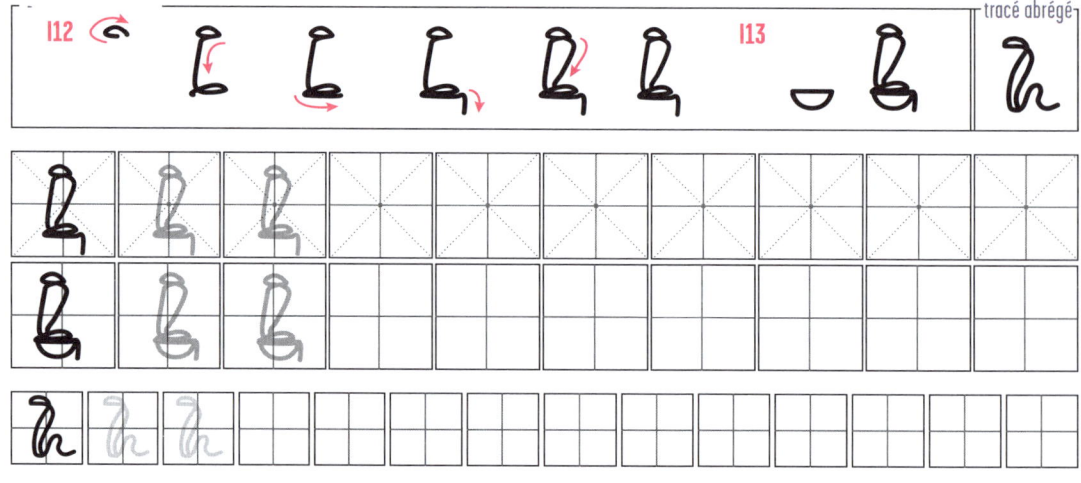

DESSINS PAS À PAS

I14 / I15 – Serpent / variante

Déterminatif de *reptile* ou de *ver* : ḥfȝw [hefaou] *serpent*.

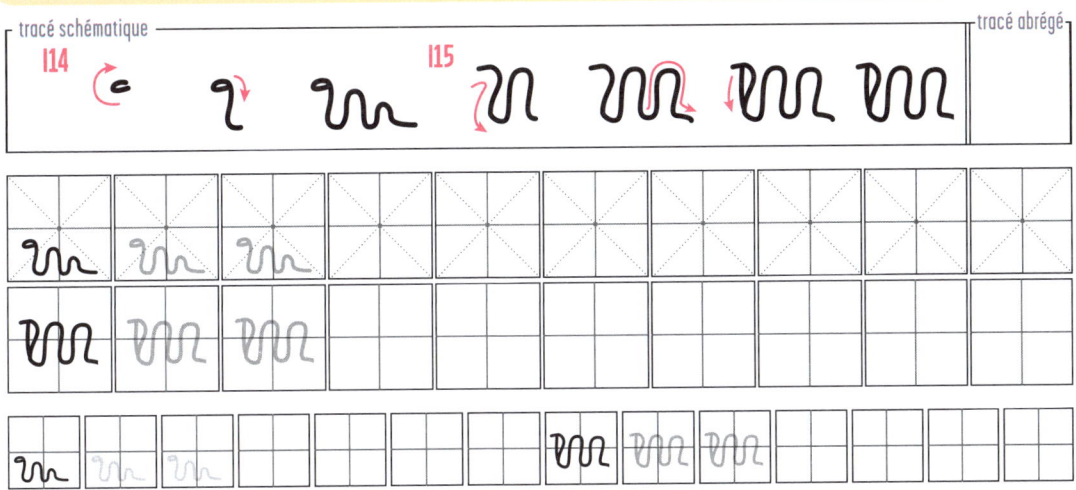

K1 – Tilapia nilotica

Valeur phonétique *in* ; exemple : *jnb* [ineb] *mur*. Ce signe occupe un demi-cadrat horizontal.

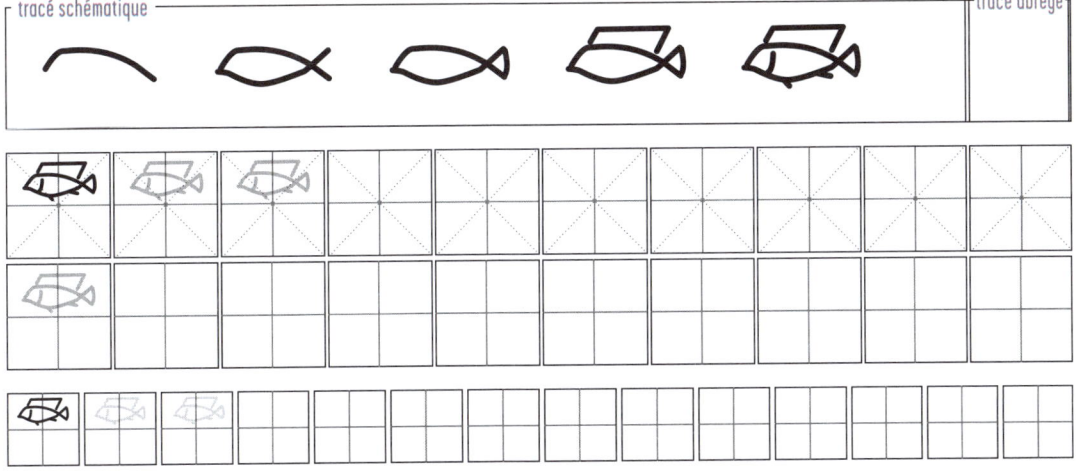

DESSINS PAS À PAS

K2 – Barbus bynni

Déterminatif phonétique *bw* : [glyphs] *bw·t* [bout] *abomination*. Ce signe occupe un demi-cadrat horizontal.

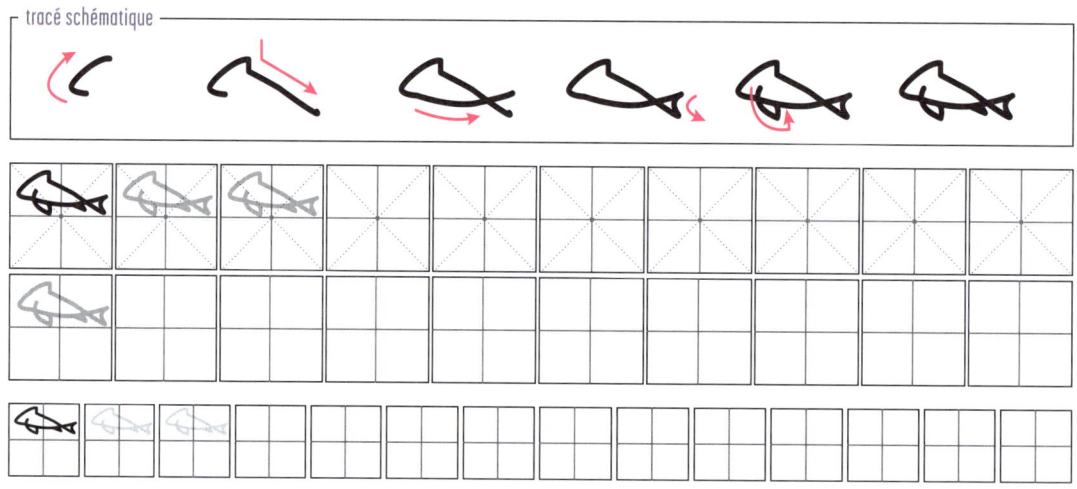

K3 – Mugil

Valeur phonétique *ꜥḏ* : [glyphs] *ꜥḏ-mr* [âdjmer] *administrateur de province*. Ce signe occupe un demi-cadrat horizontal.

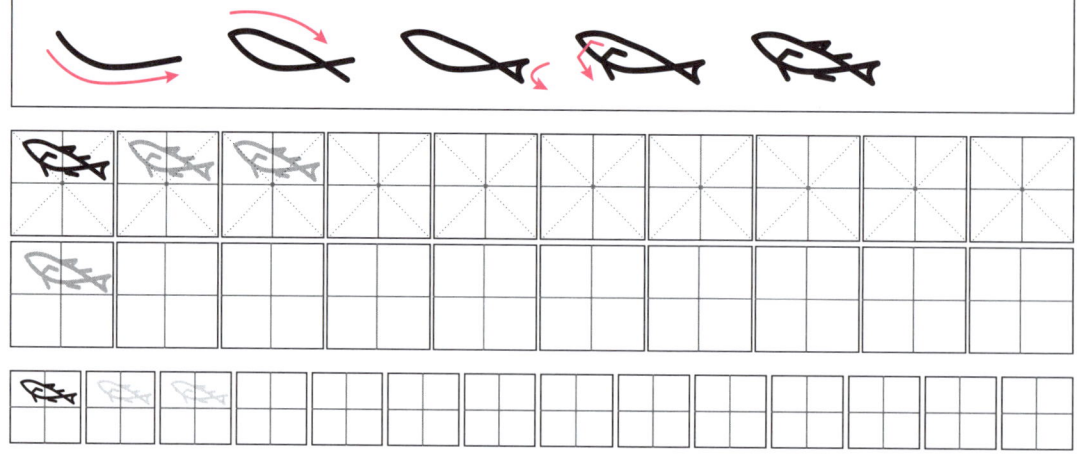

DESSINS PAS À PAS

K4 – Oxyrhynque

Valeur phonétique *ḥ3* : ![sign] *ḥ3·t* [khat] *cadavre*. Ce signe occupe un demi-cadrat horizontal.

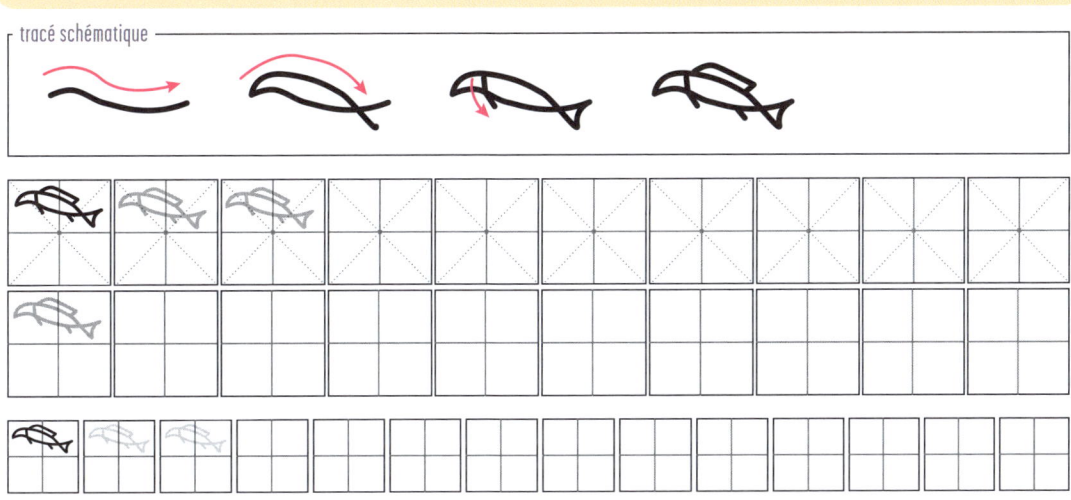

K5 – Petrocephalus bane

Déterminatif de *poisson* : ![sign] *rm* [rem] *poisson*. Ce signe occupe un demi-cadrat horizontal.

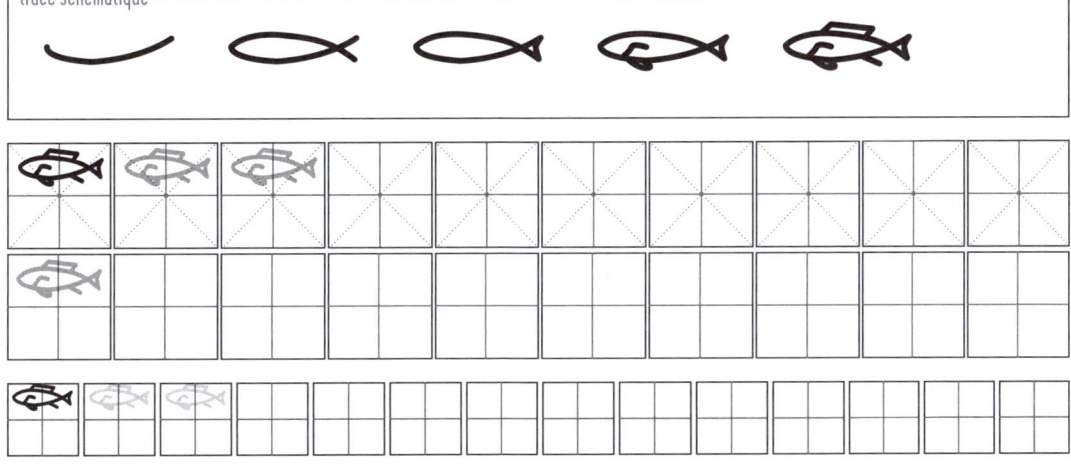

DESSINS PAS À PAS

L1 – Scarabée

Phonétique signe-racine ḫpr pour *advenir*, *apparaître* (en référence à l'autogénération apparente des jeunes scarabées) : ḫpr [kheper] *devenir*.

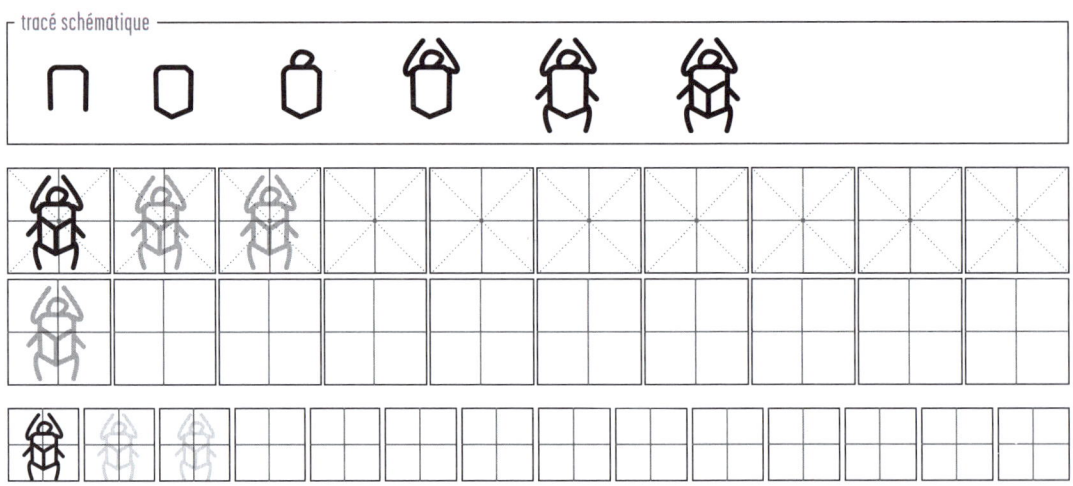

L2 – Abeille

Valeur phonétique bỉt : n(y)-św·t-bỉtj [nissout-biti] *roi de Haute et Basse Égypte*.

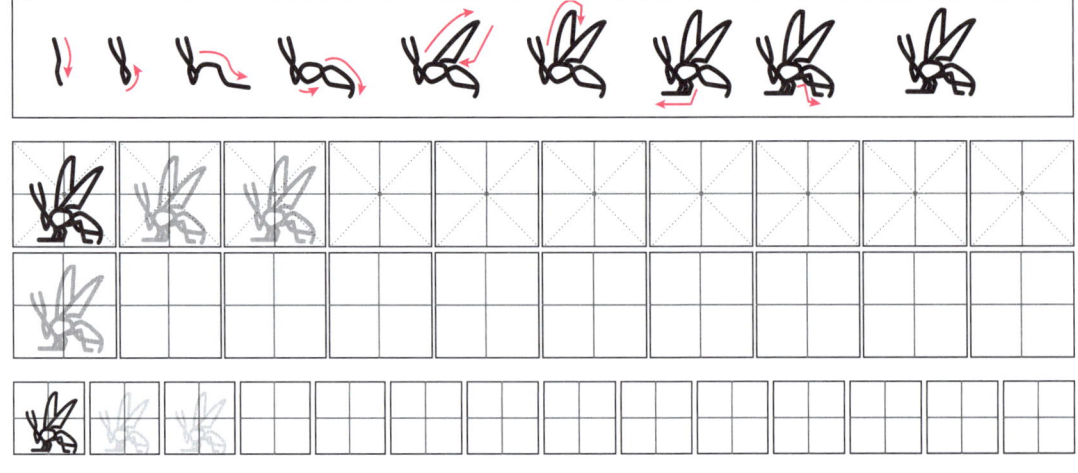

DESSINS PAS À PAS

M2 – Touffe de plantes

Valeur phonétique ḥn : ḥnw [henou] *récipient*.

M3 – Branche

Idéogramme : ḫt [khet] *bois, arbre* et valeur phonétique ḫt : nḫt [nekhet] *fort, puissant*.

DESSINS PAS À PAS

M12 – Plante de lotus

Idéogramme de ḫ3.w [khaou] *feuilles* et valeur phonétique ḫ3 : ḫ3 [ha] *1 000* (valeur numérique).

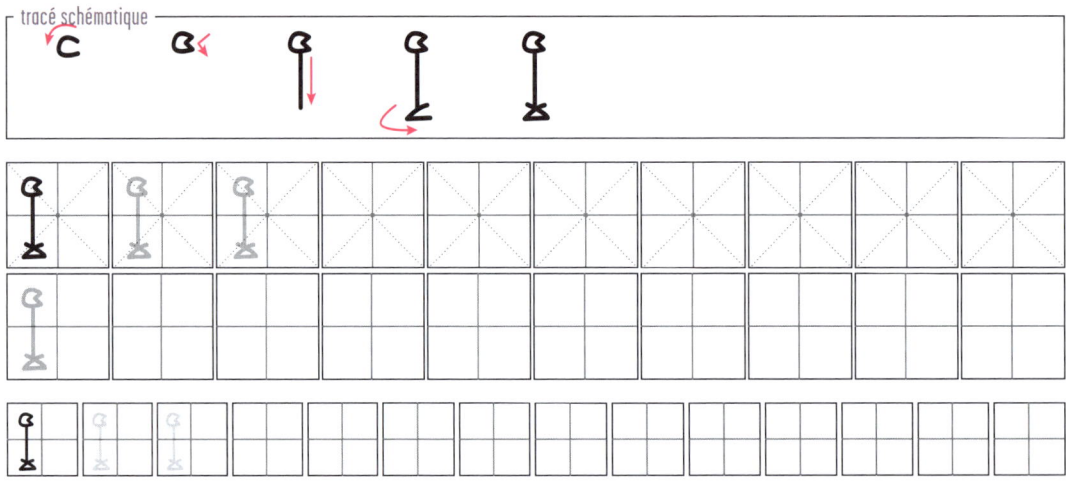

M26 – Plante fleurie

Comme le jonc M23, M26 est la plante héraldique de Haute Égypte : šmʿw [chémâou] *Haute Égypte*. Valeur phonétique šmʿ.

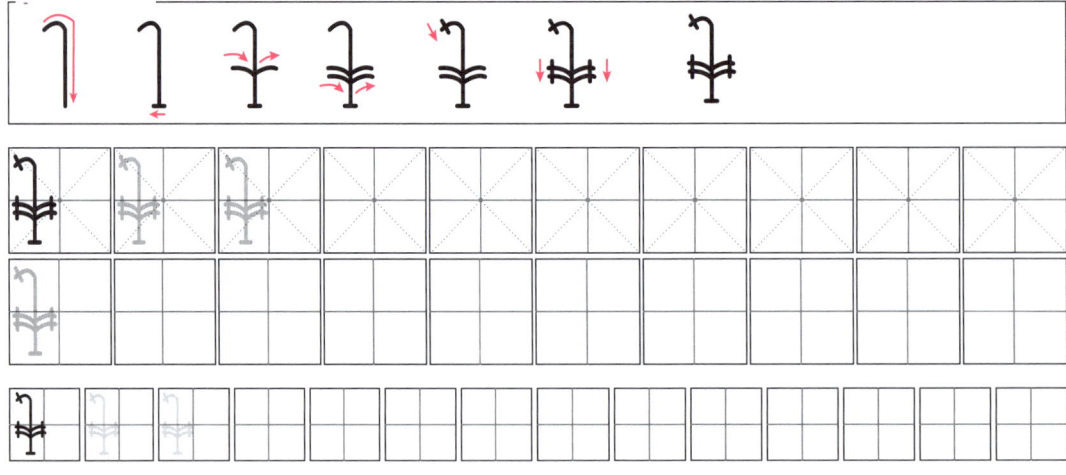

DESSINS PAS À PAS

044 – Emblème érigé devant le temple de Min

Déterminatif et abréviation : *ꜣ·t* [iat] *fonction, dignité.*

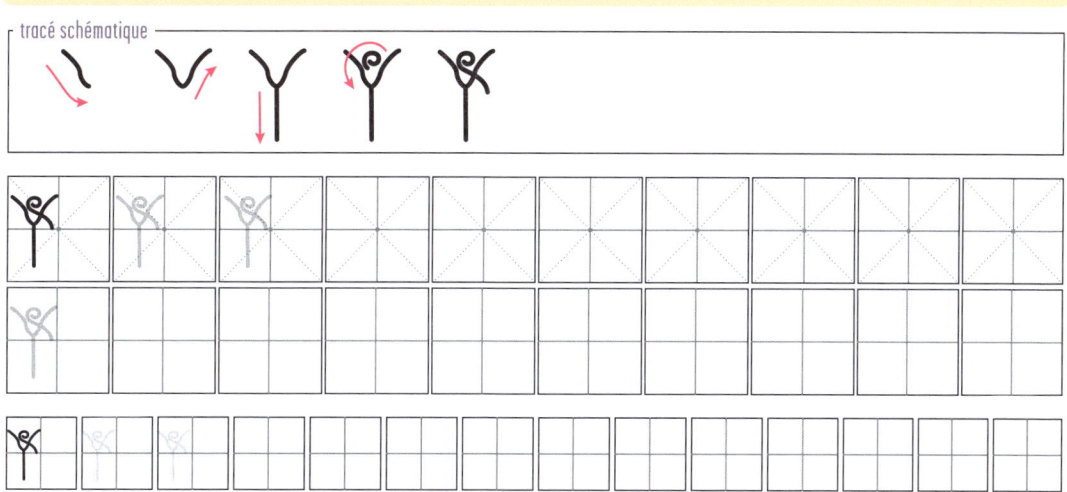

049 – Carrefour dans une enceinte (ville)

Déterminatif de *ville, région habitée* : *km·t* [kemet] *Égypte* ; *wꜣś·t* [ouaset] *Thèbes.*

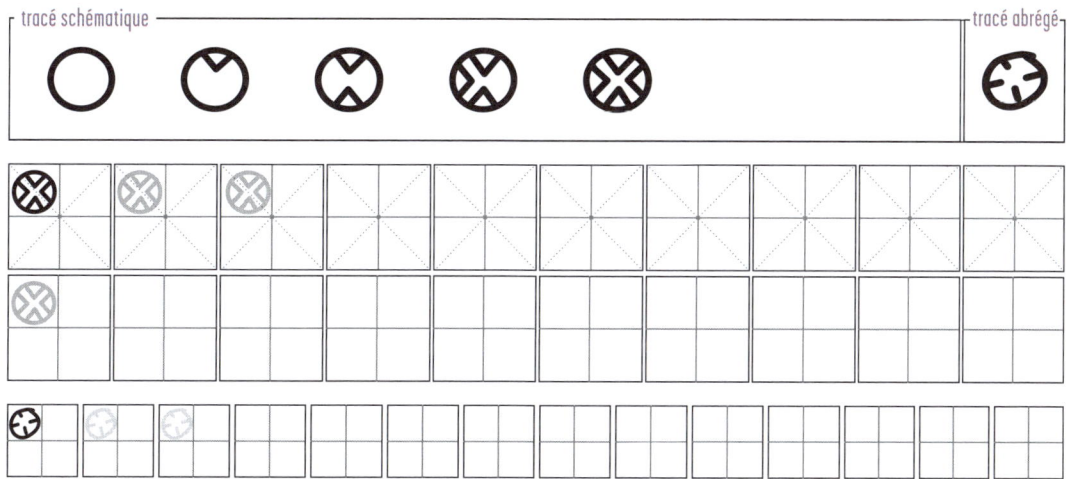

DESSINS PAS À PAS

P1 – Bateau

Déterminatif et abréviation désignant des *bateaux* ou la *navigation* : 🚢 *dp·t* [depet] *bateau*.

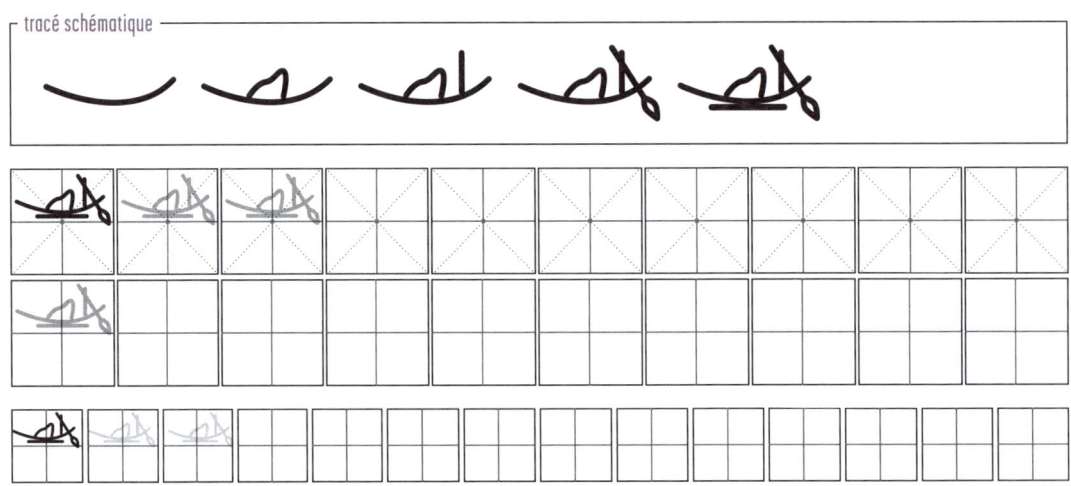

P2 – Bateau avec voile déployée

Déterminatif et abréviation de 𓍿𓈖𓏏𓊛 *ẖntj* [khenti] *naviguer vers le sud* c'est-à-dire *remonter le Nil*.

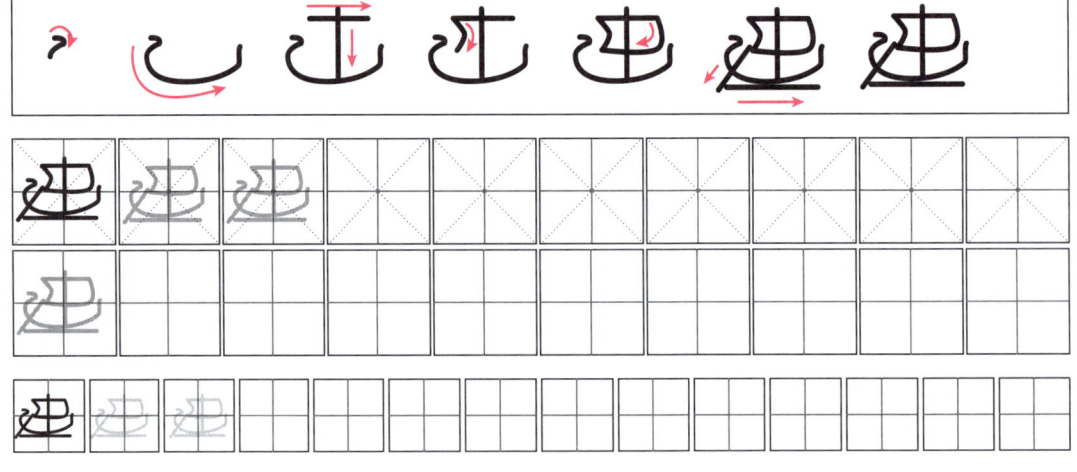

DESSINS PAS À PAS

R13 – Faucon Horus perché sur un pavois orné d'une plume

Idéogramme de l'*Ouest* et autres dérivés : *ỉmn·t* [imenet] *l'Ouest* (le royaume des morts), synonyme *ỉmnt·t* [imentet].

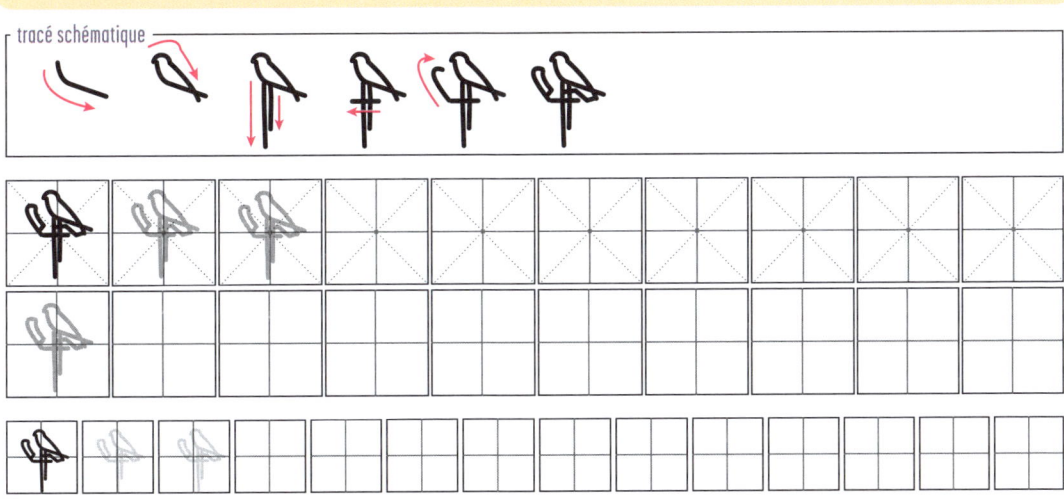

R19 – Sceptre-ouas surmonté d'une plume

Sceptre-ouas (S40) surmonté d'une plume, emblème de la ville et de la région (nome) de Thèbes (Haute Égypte) ; idéogramme : *wȝś·t* [ouaset] *Thèbes* (ville et nome).

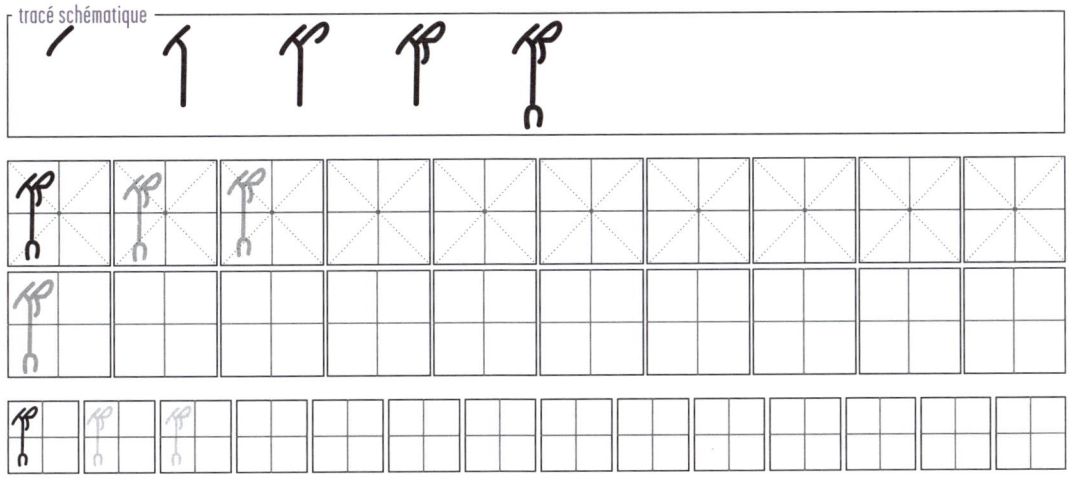

DESSINS PAS À PAS

S7 – Couronne bleue

Déterminatif et abréviation de  ḫprš [kheprech] *couronne bleue*.

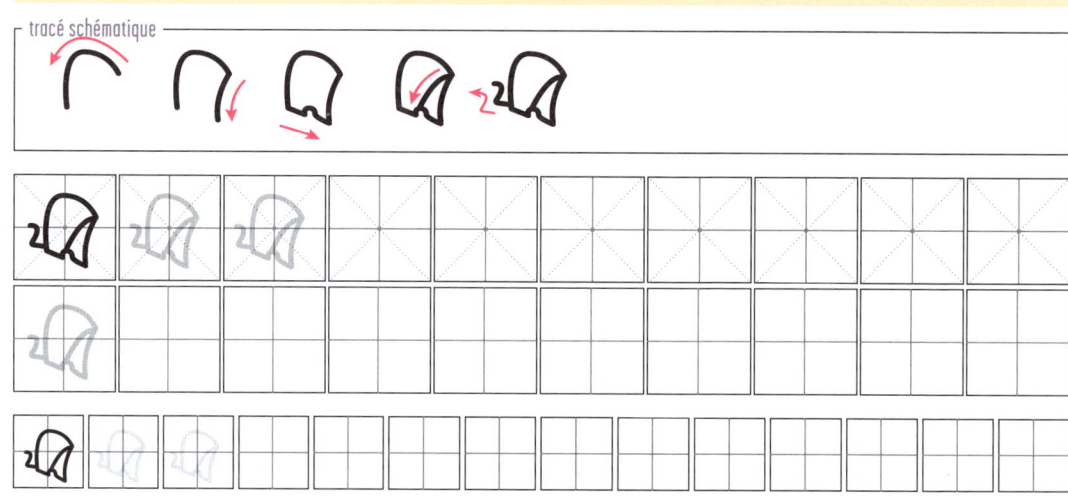

S15 – Pectoral en perles de verre ou faïence

Idéogramme : ṯḥnt [tchehenet] *faïence* et phonétique signe-racine ṯḥn pour la notion de *briller*.

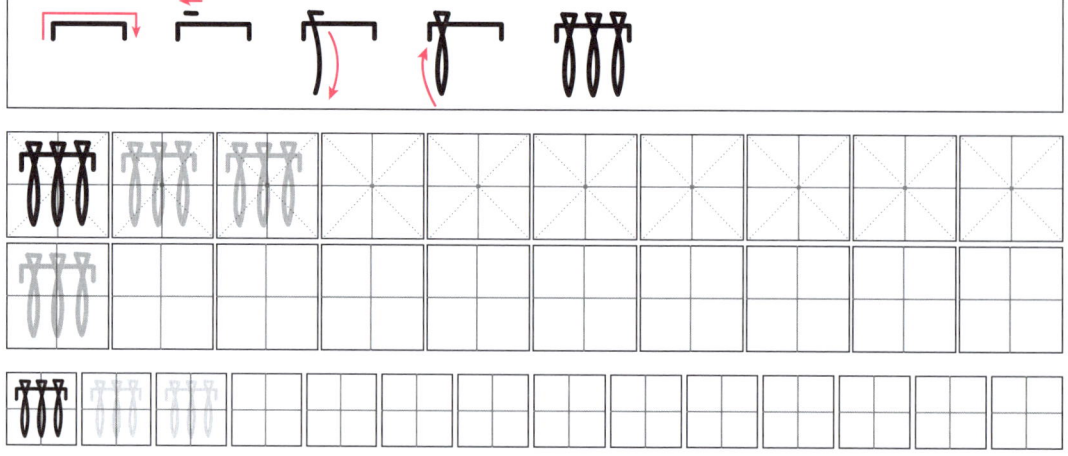

DESSINS PAS À PAS

S26 – Pagne

Déterminatif et abréviation de 𓋱𓆓𓏏 *šndj·t* [chendjit] *pagne royal*.

S33 – Sandale

Idéogramme : 𓍿𓃀𓏏𓋴 *ṯb·t* [tchebet] *sandale* et phonétique signe-racine *ṯb* pour l'action de *chausser*.

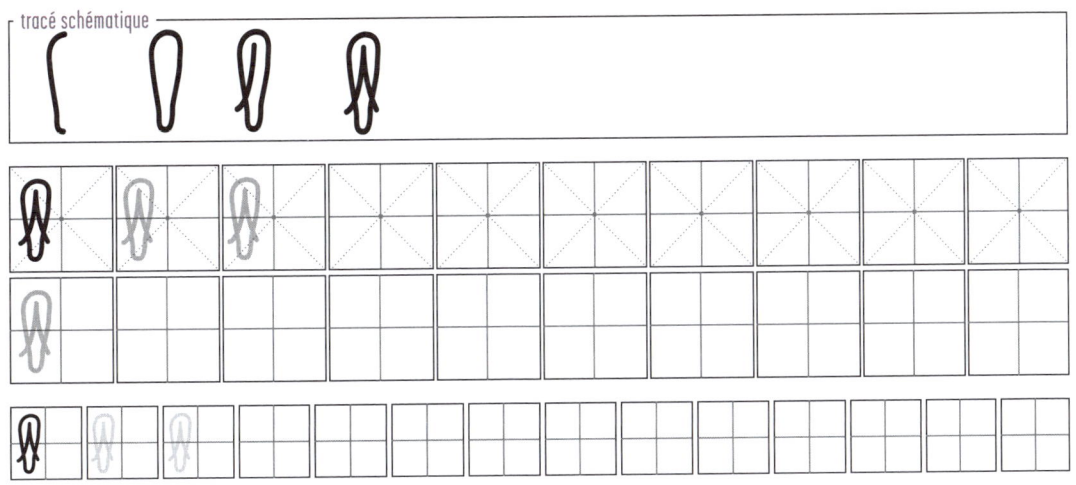

DESSINS PAS À PAS

T30 / T31 – Couteau / Affiloir

Le T30 est soit un idéogramme : *dś* [des] *couteau*, soit un phonétique signe-racine *dm* pour les notions : *être affilé, aiguiser*. Le T31 a la valeur phonétique *śśm* : *śśm* [sechem] *conduire, mener*.

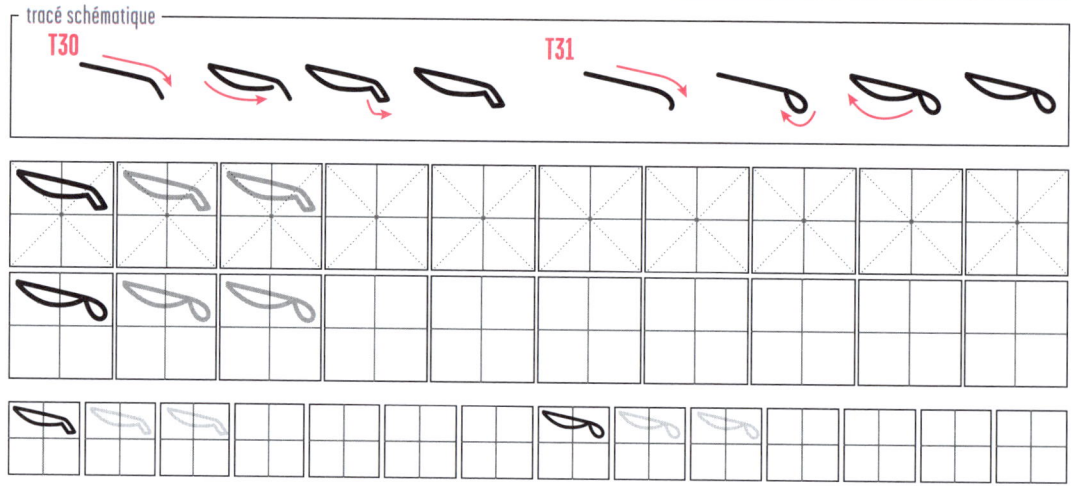

U16 – Traîneau à tête de chacal avec une charge

Valeur phonétique *bỉ3* : *bỉ3* [bia] *miracle, merveille*.

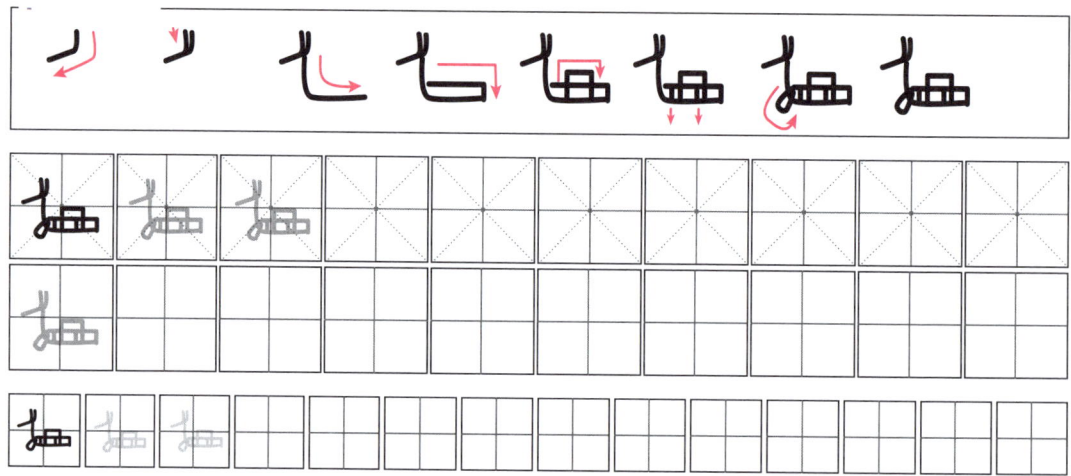

U23 – Ciseau long

V4 – Lasso

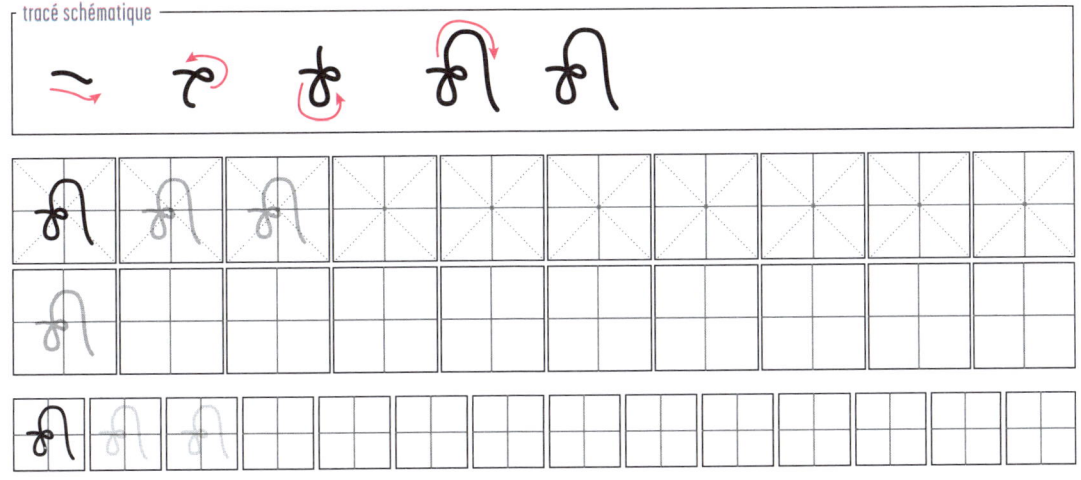

DESSINS PAS À PAS

W15 – Aiguière d'où coule de l'eau

Idéogramme ou déterminatif des mots en *ḳbḥ* désignant la *purification (fraîcheur, libation)*. Déterminatif et abréviation dans ◁ⵏⵏ⑂ *ḳbb* [qebeb] *être frais (froid)*.

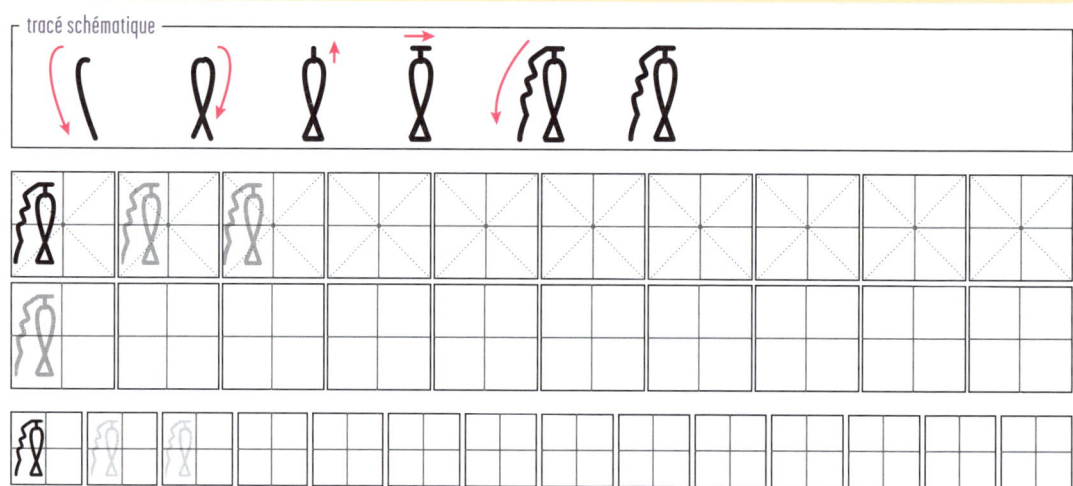

W17 / W18 – Trois / quatre jarres alignées dans un bâti

Le W17 𓅓, et sa variante W18 𓅓, ont pour valeur phonétique *ḫnt*. Comme un phonétique signe-racine, il évoque *ce qui est devant* : 𓅓𓂝𓇗 *ḫntj-š* [khenti-che] *jardin* ; désigne aussi la région actuelle du Liban.

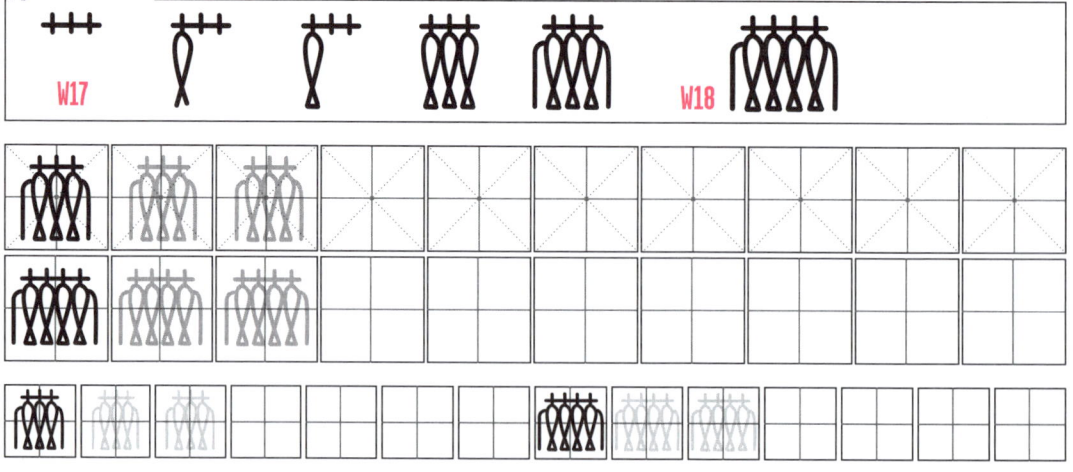

DESSINS PAS À PAS

W19 – Cruche à lait portée dans un filet

Valeur phonétique *mr* puis *mỉ* : 🪢〰️ *mỉn* [min] *aujourd'hui*.

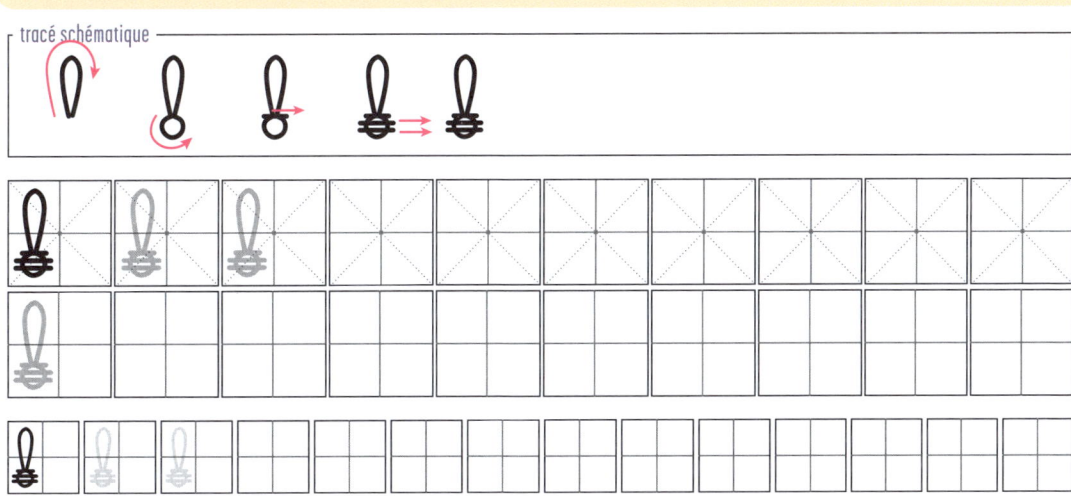

Y3 / Y4 – Nécessaire de scribe

Nécessaire de scribe constitué d'une palette, d'un sac à pigments et de quelques roseaux. Phonétique signe-racine *sš* pour l'activité d'*écriture* : 𓏞𓏛 *sš* [sech] *écrire* ; 𓏞𓀀 *sš* [sech] *scribe*. Y4 est une variante de Y3.

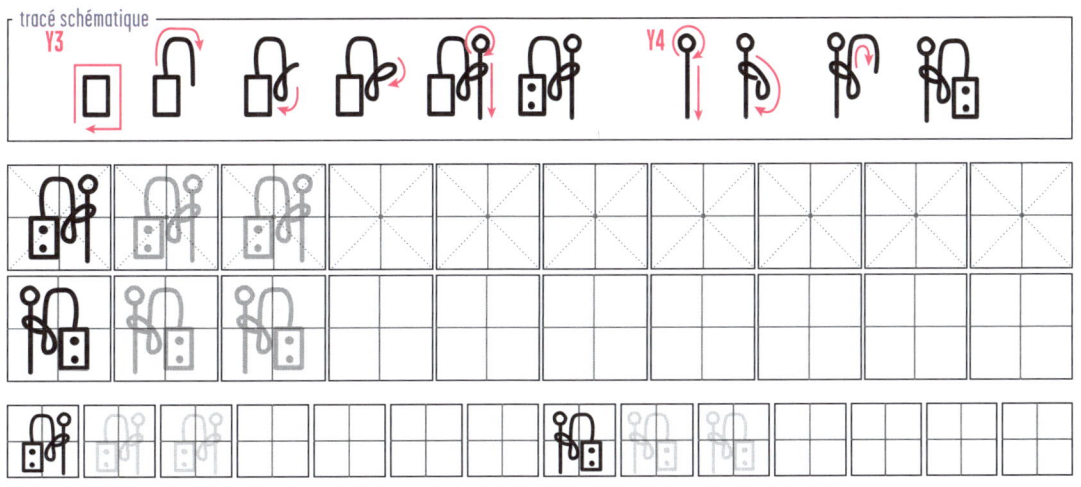

91

Tableau des signes

Les tableaux suivants présentent les signes selon la classification dite de Gardiner avec leur nomenclature par catégorie de A (l'homme et ses activités) à Aa (les inclassables). Les signes présentés dans la première partie, « Dessins pas à pas — les signes alphabétiques (unilitères) », sont sur fond orange (par exemple : D 46 ⬭). Les signes dont le tracé est détaillé dans la seconde partie, « Dessins pas à pas — les autres signes de la classification Gardiner », sont sur fond vert par exemple : A 1 . Lorsque la lettre *a* suit le numéro, elle signale une variante d'un signe de base, par exemple : A 17 (l'enfant assis, main à la bouche) et A 17a (l'enfant assis les bras pendants).

A — L'Homme et ses activités

Le signe A 59 (l'homme menaçant avec un bâton), ajouté plus tard par Gardiner, a été inséré après le signe A 25 (l'homme frappant avec un bâton tenu à une main) pour plus de cohérence.

TABLEAU DES SIGNES

A 1 Homme assis
A 2 Homme portant la main à la bouche
A 3 Homme, un genou à terre
A 4 Homme assis, les bras tendus
A 5 Homme se cachant derrière un mur
A 6 Homme recevant de l'eau sur les mains
A 7 Homme affalé sur le sol
A 8 Homme jubilant
A 9 Homme portant une corbeille
A 10 Homme tenant un aviron
A 11 Homme tenant un sceptre (S 42) et un bâton crochu (S 39)
A 12 Archer, genou à terre
A 13 Homme à genoux, bras liés
A 14 Homme tombant et saignant de la tête
A 15 Homme tombant
A 16 Homme s'inclinant
A 17 Enfant assis
A 17a Enfant assis, main à la bouche
A 18 Enfant avec couronne rouge
A 19 Vieillard appuyé sur un bâton
A 20 Personnage moins sénile que le A 19 appuyé sur un bâton
A 21 Homme debout tenant une canne et un morceau de tissu
A 22 Statue avec bâton et sceptre (S 42)
A 23 Roi tenant bâton et massue (T 3)
A 24 Homme frappant avec un bâton tenu à deux mains
A 25 Homme frappant avec un bâton tenu à une main
A 26 Homme debout, le bras tendu
A 27 Homme courant, un bras tendu
A 28 Homme levant les bras au ciel
A 29 Homme la tête en bas
A 30 Homme debout les bras tendus vers l'avant
A 31 Homme debout les bras levés derrière lui
A 32 Homme dansant
A 33 Homme portant un bagage sur l'épaule
A 34 Homme pilant dans un mortier
A 35 Homme construisant un mur
A 36 Homme brassant
A 37 Homme brassant dans une cuve
A 38/39 Homme tenant le cou de deux animaux fabuleux
A 40 Dieu assis portant perruque et barbe
A 41 Roi assis, uræus au front
A 42 *Idem*, mais tenant le flagellum
A 43 Roi assis, coiffé de la couronne de Haute Égypte
A 44 *Idem*, mais tenant le flagellum
A 45 Roi assis, coiffé de la couronne de Basse Égypte
A 46 *Idem*, mais tenant le flagellum
A 47 Berger assis tenant une houlette et une natte roulée
A 48 Personnage assis tenant un couteau
A 49 Syrien assis tenant un bâton
A 50 Haut personnage assis sur une chaise
A 51 *Idem*, mais avec flagellum
A 52 Haut personnage accroupi tenant le flagellum
A 53 Momie dressée
A 54 Momie couchée
A 55 Momie couchée sur un lit
A 59 Homme menaçant avec un bâton

B – La Femme et ses activités

Nous ne présentons que les sept signes de base de la liste de Gardiner ; ceux qui ont été ajoutés par la suite ne présentent pas de difficulté pour le dessin.

B 1   B 2   B 3   B 4   B 5   B 6   B 7

B 1 Femme assise
B 2 Femme enceinte
B 3/4 Femme accouchant
B 5 Femme allaitant un enfant
B 6 Femme assise avec un enfant sur les genoux
B 7 Reine assise portant un diadème et tenant une fleur

TABLEAU DES SIGNES

C – Les Divinités anthropomorphes

* Les signes C 17, C 18 à C 20 sont des ajouts ultérieurs à la première classification.

- C 1 Dieu à tête humaine coiffé du disque à uræus
- C 2 Dieu hiéracocéphale (tête de faucon) coiffé du disque solaire et tenant le signe ankh
- C 3 Dieu à tête d'ibis
- C 4 Dieu à tête de bélier
- C 5 Dieu à tête de bélier tenant le signe ankh
- C 6 Dieu à tête de canidé
- C 7 Dieu à tête de Seth
- C 8 Dieu ithyphallique debout, coiffé de plumes et tenant le flagellum
- C 9 Déesse avec disque solaire et cornes
- C 10 Déesse coiffée d'une plume d'autruche
- C 11 Dieu les bras levés, coiffé d'une panicule de palmier
- C 12 Dieu coiffé de deux hautes plumes et tenant le sceptre-ouas
- C 17 Dieu hiéracocéphale, coiffé du disque solaire et de deux hautes plumes, tenant le signe ankh
- C 18 Dieu coiffé de la couronne-atef
- C 19 Dieu debout engainé et tenant le sceptre-ouas
- C 20 *Idem*, mais dans un naos

D – Parties du corps humain

- D 1 Tête vue de profil
- D 2 Visage vu de face
- D 3 Mèche de cheveux
- D 4 Œil
- D 5 Œil avec deux traits de fard
- D 6 Œil fardé
- D 7 Œil souligné d'un trait de fard
- D 8 Œil entouré d'une ellipse
- D 9 Œil pleurant
- D 10 Œil-oudjat
- D 11 Partie gauche de la cornée de l'œil-oudjat
- D 12 Pupille de l'œil humain
- D 13 Sourcil humain
- D 14 Partie droite de la cornée de l'œil-oudjat
- D 15 Partie inférieure de l'œil-oudjat
- D 16 Base de l'œil-oudjat
- D 17 Motif de la joue du faucon
- D 18 Oreille
- D 19/20 Partie supérieure du visage vue de profil
- D 21 Bouche
- D 22 Bouche surmontant deux traits
- D 23 Bouche surmontant trois traits
- D 24 Lèvre supérieure découvrant les dents
- D 25 Redoublement du D 24
- D 26 Liquide sortant des lèvres
- D 27 Sein
- D 28 Bras tendus
- D 29 Signe D 28 sur un pavois
- D 30 Signe D 28 avec appendice
- D 31 Monogr. Bras entourant le signe (U 36)
- D 32 Bras enserrant
- D 33 Bras tenant une rame
- D 34 Bras tenant un bouclier et une hache
- D 35 Bras repoussant avec geste de négation
- D 36 Bras
- D 37 Bras tenant le pain conique (X 8)
- D 38 Bras tenant un pain rond
- D 39 Bras tenant le vase nw
- D 40 Bras tenant un bâton
- D 41 Bras, paume vers le bas
- D 42 Bras (vert.), paume vers le bas
- D 43 Bras tenant le flagellum
- D 44 Bras tenant le sceptre (S 42)
- D 45 Bras tenant le sceptre nehebet
- D 46 Main
- D 47 Main avec paume incurvée
- D 48 Main sans pouce
- D 49 Poing
- D 50 Doigt dressé
- D 51 Doigt à l'horizontale
- D 52 Phallus
- D 53 Phallus émettant un liquide
- D 54 Jambes en mouvement
- D 55 Jambes allant en arrière
- D 56 Jambe pliée
- D 57 Jambe traversée par un couteau
- D 58 Pied
- D 59 Monogr. Pied combiné avec le bras (D 36)
- D 60 Pied surmonté d'un vase duquel s'écoule de l'eau (remplace A 6)
- D 61/62/63 Orteils

TABLEAU DES SIGNES

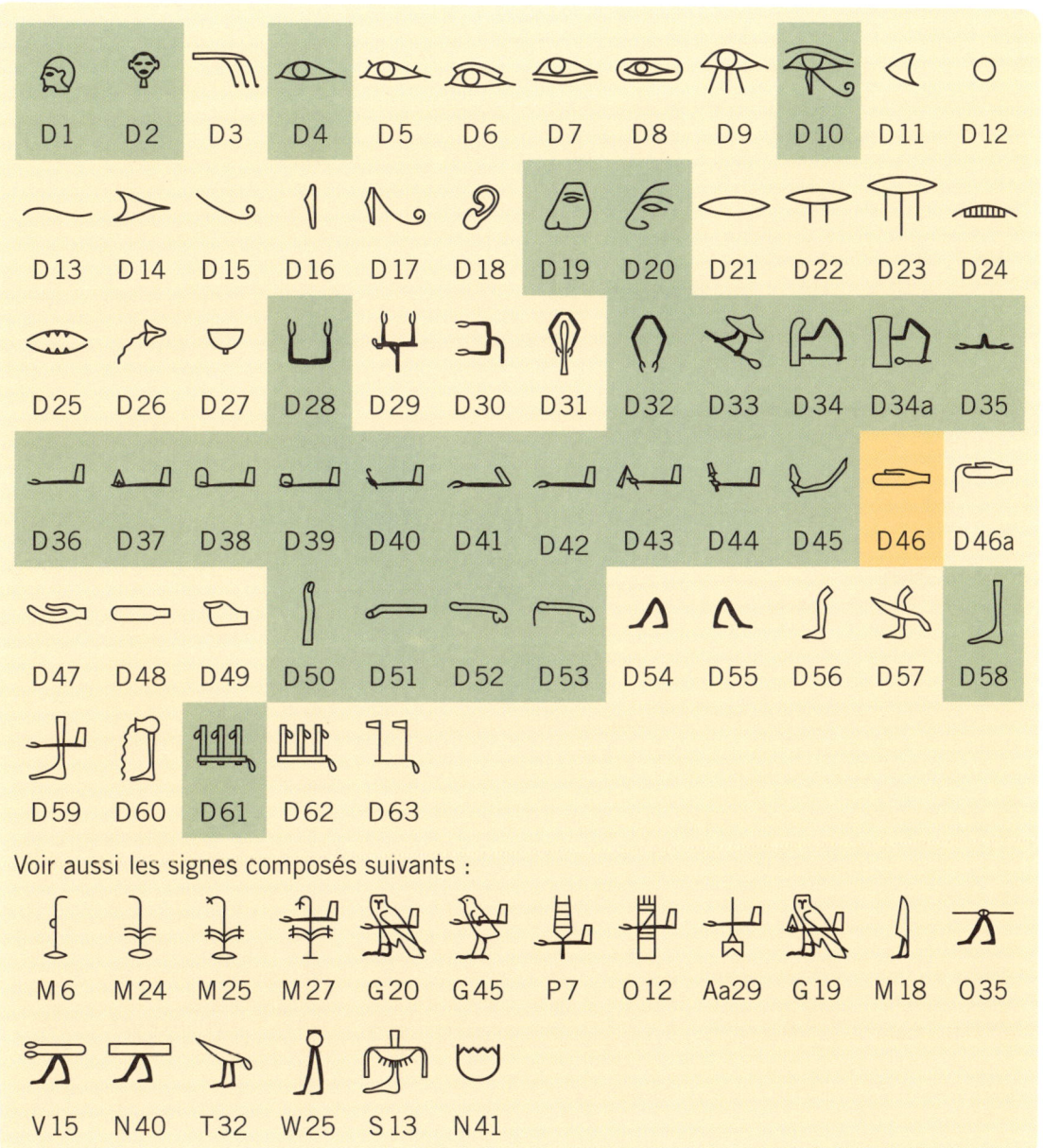

95

TABLEAU DES SIGNES

E – Mammifères

F – Parties de mammifères

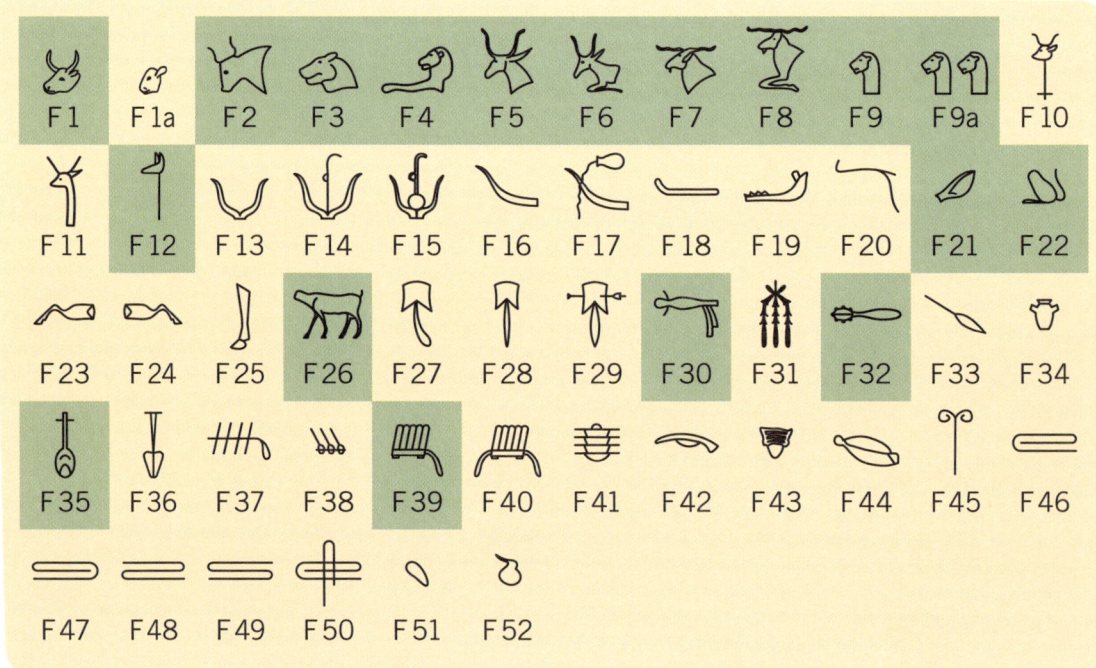

TABLEAU DES SIGNES

- E 1 Bovidé
- E 2 Taureau agressif
- E 3 Veau
- E 4 Vache sacrée hézat
- E 5 Vache allaitant son veau
- E 6 Cheval
- E 7 Âne
- E 8 Chevreau
- E 9 Faon de bubale
- E 10/11 Bélier
- E 12 Cochon
- E 13 Chat
- E 14 Chien lévrier
- E 15 Canidé couché
- E 16 Canidé couché sur un naos
- E 17 Chacal
- E 18 Canidé sur un pavois
- E 19 *Idem* avec shedshed à l'avant du pavois et massue traversant le support
- E 20 Animal du dieu Seth
- E 21 Animal de Seth couché
- E 22 Lion
- E 23 Lion couché
- E 24 Panthère
- E 25 Hippopotame
- E 26 Éléphant
- E 27 Girafe
- E 28 Oryx
- E 29 Gazelle
- E 30 Ibex
- E 31 Chèvre avec sceau cylindre au cou
- E 32 Babouin
- E 33 Cercopithèque
- E 34 Lièvre

- F 1 Tête de bovidé
- F 2 Tête de taureau furieux
- F 3 Tête d'hippopotame
- F 4 Partie antérieure de lion
- F 5 Tête de bubale
- F 6 Partie antérieure de bubale
- F 7 Tête de bélier
- F 8 Protomé de bélier
- F 9 Tête de léopard
- F 10/11 Tête animale sur un long cou
- F 12 Tête et cou de canidé
- F 13 Cornes de bovidé
- F 14 Monogr. Panicule de palmier dressée entre des cornes de bovidé
- F 15 *Idem*, avec signe du soleil
- F 16 Corne
- F 17 Corne combinée avec un vase laissant s'écouler un liquide
- F 18 Défense d'éléphant
- F 19 Mâchoire inférieure
- F 20 Langue (de bœuf ?)
- F 21 Oreille de vache
- F 22 Arrière-train de lion
- F 23 Patte antérieure d'un bovidé
- F 24 Même signe que le précédent, mais renversé
- F 25 Patte d'âne avec sabot
- F 26 Peau de chèvre, sans tête
- F 27/28 Peau de vache
- F 29 Peau percée d'une flèche
- F 30 Outre en peau
- F 31 Trois peaux reliées
- F 32 Ventre d'un mammifère
- F 33 Queue
- F 34 Cœur
- F 35 Cœur et trachée
- F 36 Poumons et trachée
- F 37 Épine dorsale d'où s'échappe de la moelle, et côtes de part et d'autre
- F 38 Épine dorsale et côtes d'un seul côté
- F 39 Variante de F 38 avec moelle s'écoulant
- F 40 Variante du F 40 avec moelle s'écoulant des deux côtés
- F 41 Vertèbres
- F 42 Côte
- F 43 Côtes
- F 44 Fémur ou tibia
- F 45 Utérus de génisse
- F 46 à F 49 Intestin
- F 50 Monogr. Combinaison de (F 46) et (S 29)
- F 51 Morceau de chair
- F 52 Excrément

TABLEAU DES SIGNES

G – Oiseaux

[Tableau des signes G1 à G54]

Voir aussi les signes composés suivants :

R 13   O 10

H – Parties d'oiseaux

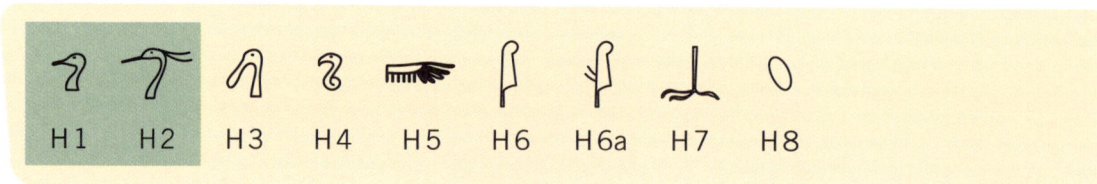

H 1 Tête de canard pilet ou d'oie
H 2 Tête d'oiseau à aigrette
H 3 Tête de spatule
H 4 Tête de vautour
H 5 Aile
H 6 Plume d'autruche
H 7 Serre
H 8 Œuf

TABLEAU DES SIGNES

G 1 Vautour percnoptère
G 2 Monogr. Deux vautours
G 3 Monogr. Combinaison de (G 1) et (U 1)
G 4 Buse
G 5 Faucon
G 6 Signe composite. Faucon portant un flagellum
G 7 Signe composite. Faucon sur le pavois
G 8 Monogr. Faucon sur (S 12)
G 9 Monogr. Faucon coiffé de (N 5)
G 10 Faucon dans la barque de Sokar
G 11 Statue d'un faucon au gîte
G 12 *Idem*, mais avec flagellum (S 45)
G 14 Vautour
G 15 Signe composite. *Idem*, avec flagellum (S 45)
G 16 Signe composite. Vautour et cobra sur la corbeille (V 30)
G 17 Chouette ou hibou
G 18 *Idem*, mais redoublé
G 19 Monogr. Chouette avec (D 37)
G 20 Monogr. *Idem*, mais avec bras (D 36)
G 21 Pintade
G 22 Huppe
G 23 Vanneau
G 24 *Idem*, mais ailes entrecroisées
G 25 Ibis à aigrette
G 26 Amalgame Ibis sacré sur le pavois
G 27 Flamant
G 28 Ibis noir
G 29 Cigogne (jabiru)
G 30 Monogr. Trois jabirus
G 31 Héron
G 32 Héron perché
G 33 Aigrette
G 34 Autruche
G 35 Cormoran
G 36 Hirondelle
G 37 Moineau
G 38 Oie
G 39 Canard pilet
G 40 Oie volant
G 41 Oie se posant
G 42 Canard engraissé
G 43 Poussin de caille
G 44 Monogramme
G 45 Monogr. Signe (G 43) et (D 36)
G 46 Monogr. Signe (G 43) et (U 1)
G 47 Jeune canard
G 48 Trois jeunes canards au nid
G 49 Trois jeunes canards dans un étang
G 50 Deux vanneaux sans huppe
G 51 Aigrette dépeçant un poisson
G 52 Oie picorant
G 53 Oiseau à tête humaine précédé du gobelet brûle-encens (R 7)
G 54 Oie troussée

I – Amphibiens et reptiles

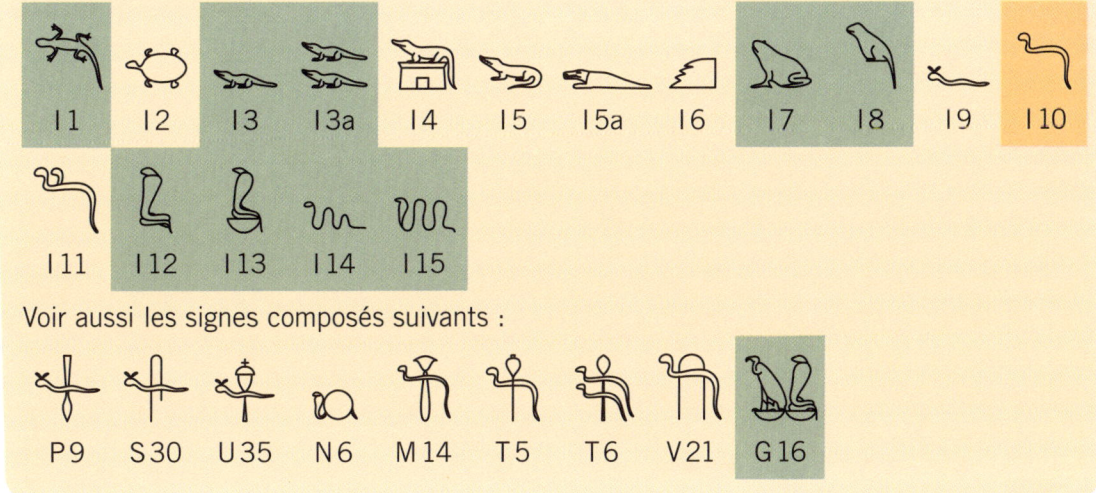

I 1 Lézard
I 2 Tortue d'eau
I 3 Crocodile
I 4 Crocodile sur un naos
I 5 Crocodile avec queue repliée
I 6 Peau à écailles de crocodile
I 7 Grenouille
I 8 Têtard
I 9 Vipère à cornes
I 10 Cobra
I 11 Monogr. Deux cobras
I 12 Cobra dressé
I 13 Signe I 12 sur une corbeille
I 14/15 Serpent

TABLEAU DES SIGNES

K – Poissons

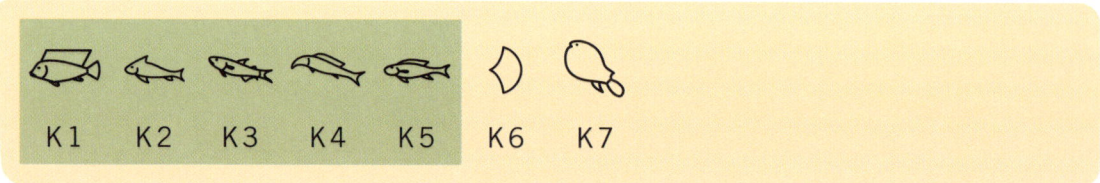

L – Invertébrés

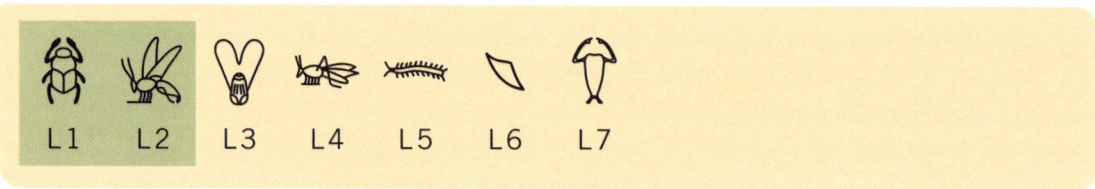

M – Plantes

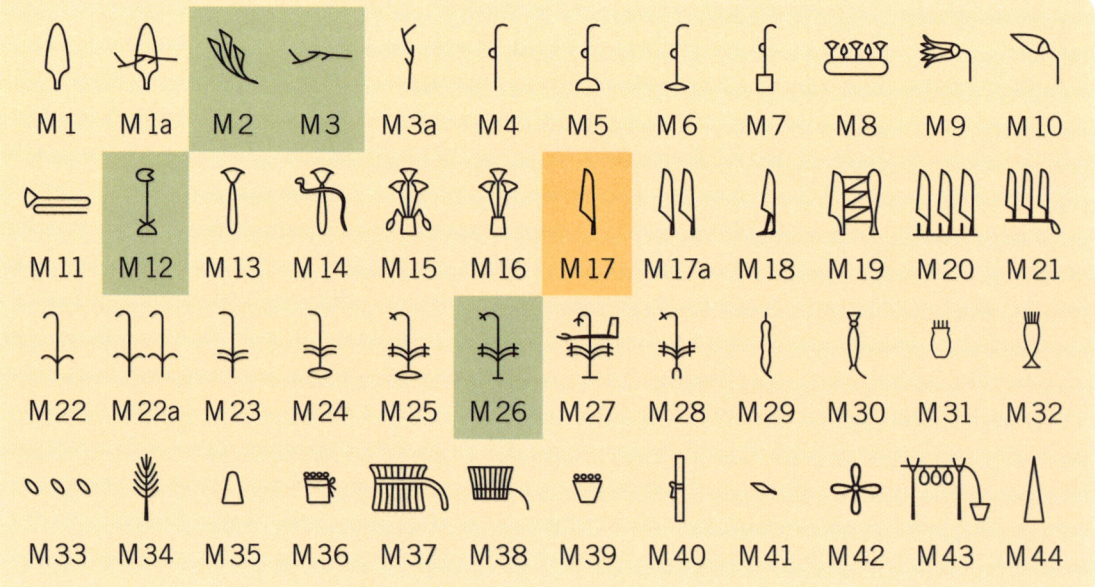

TABLEAU DES SIGNES

K1 Tilapia nilotica
K2 Barbus bynni
K3 Mugil (mulet)
K4 Brochet du Nil (Oxyrhynque)
K5 Petrocephalus bane
K6 Écaille de poisson
K7 Tétraodon Fahaka

L1 Scarabée
L2 Abeille
L3 Mouche
L4 Sauterelle
L5 Scolopendre
L6 Coquille
L7 Nèpe (punaise aquatique)

M1 Arbre
M2 Touffe de plantes
M3 Branche
M4 Palme effeuillée et entaillée pour mesurer le temps
M5 Signe composite. *Idem*, mais sur le signe (X1)
M6 Signe composite. *Idem*, mais sur le signe (D21)
M7 Signe composite. *Idem*, mais sur le signe (Q3)
M8 Fleurs de lotus sur un étang
M9 Fleur de lotus
M10 Bouton de lotus
M11 Fleur sur une tige repliée
M12 Plante de lotus
M13 Papyrus
M14 Monogr. *Idem*, avec cobra (I10)
M15 Buisson de papyrus avec boutons
M16 Buisson de papyrus
M17 Roseau fleuri
M18 Amalgame. Roseau fleuri sur (D54)
M19 Pile d'offrandes (?)
M20/21 Champ de roseaux
M22 Jonc des marais
M23 Jonc, plante héraldique de Haute Égypte
M24 Signe composite. *Idem* que le précédent, mais sur (D21)
M25 Signe composite. *Idem* que (M26), mais sur (D21)
M26 Plante fleurie, peut-être identique à (M23)
M27 Monogr. *Idem* que précédent, mais sur (D36)
M28 Monogr. (M26) sur (V20)
M29 Gousse de caroubier
M30 Spathe de dattier
M31/32 Rhizome de lotus
M33 Grains de céréales
M34 Épi de blé
M35 Tas de grains
M36/37/38 Gerbes de tiges de lin avec leurs capsules
M39 Panier de fruits ou de grains
M40 Botte de roseaux liés
M41 Morceau de bois ou incision pratiquée sur un arbre pour en récolter la sève
M42 Fleur
M43 Vigne en berceau
M44 Épine
M54 Palmier

TABLEAU DES SIGNES

N – Ciel, terre, eau

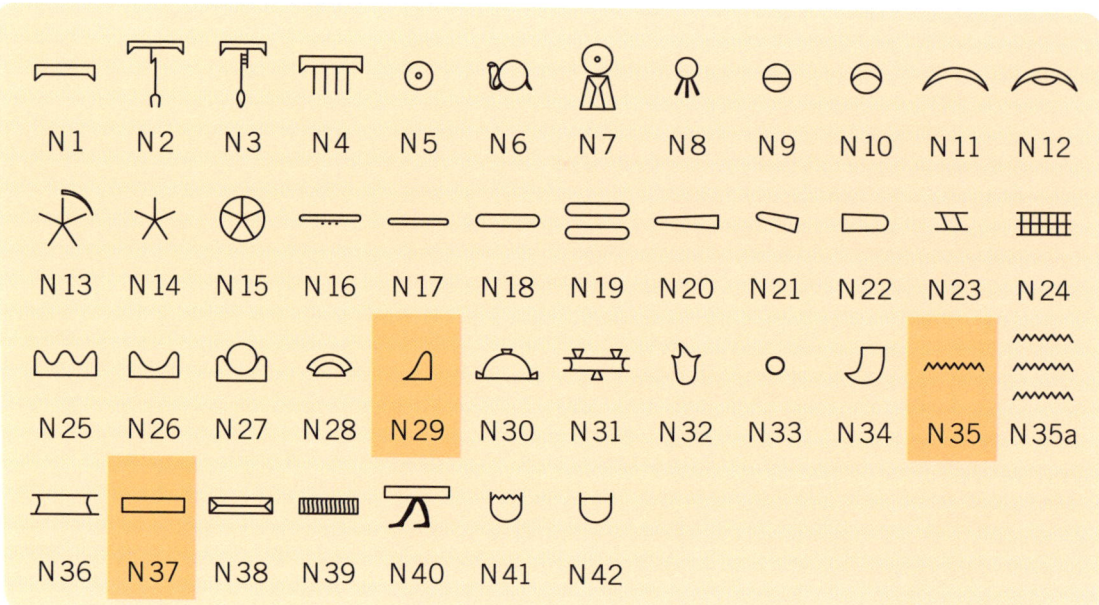

N1   Voûte céleste
N2/3 Voûte céleste d'où pend un astre
N4   Pluie tombant du ciel
N5   Disque solaire
N6   Soleil avec uræus
N7   Monogr. (N5) sur (T28)
N8   Soleil rayonnant
N9/10 Lune obscurcie
N11/12 Croissant de lune
N13 Demi-croissant de lune et étoile
N14 Étoile
N15 Étoile dans un cercle
N16/17 Terre plate avec trois grains de sable
N18 Îlot de sable
N19 Deux îlots de sable
N20 Langue de terre
N21 Coin de terre
N22 Variante de (N20) et (N21)
N23 Canal d'irrigation
N24 Domaine irrigué par des rigoles
N25 Collines du désert
N26 Vallée entre deux collines de sable
N27 Soleil surgissant à l'horizon
N28 Colline illuminée par le soleil
N29 Pente sablonneuse
N30 Colline avec buissons
N31 Route bordée de papyrus
N32 Motte d'argile
N33 Grain de sable
N34 Creuset
N35 Filet d'eau
N36 Canal
N37/38 Pièce d'eau
N39 Bassin de jardin rempli d'eau
N40 Amalgame de (N37) et (D54)
N41/42 Fosse remplie d'eau

TABLEAU DES SIGNES

O – Constructions et parties d'édifices

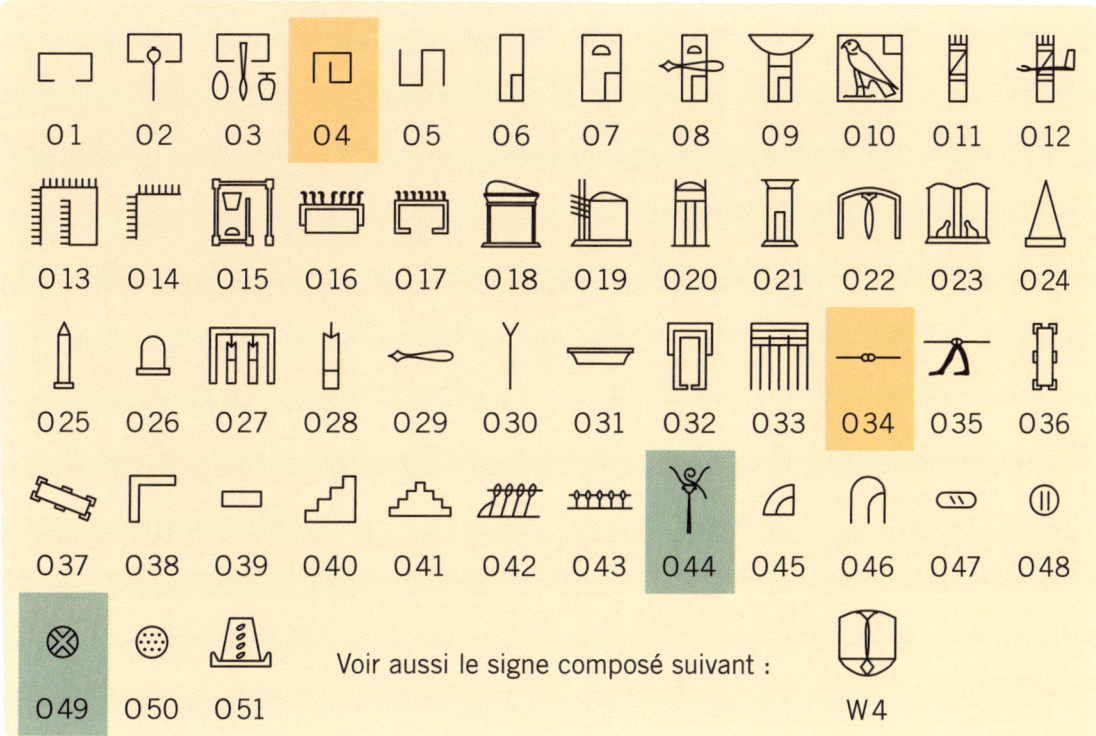

O 1 Plan de maison	O 16/17 Porte surmontée d'une frise de cobras
O 2 Monogr. Signe précédent avec (T 3)	O 18 Chapelle vue de profil
O 3 Monogr. Signe (O 1) avec (P 8) entouré de (X 3) et (W 22)	O 19 Sanctuaire primitif précédé de mâts
O 4 Abri de campagne	O 20 Sanctuaire primitif à toit cintré
O 5 Mur sinueux	O 21 Façade de sanctuaire
O 6 Plan d'un édifice ou d'un domaine	O 22 Pavillon supporté par une colonne
O 7 Monogr. (O 6) et (X 1)	O 23 Pavillon du jubilé royal avec double trône
O 8 Monogr. (O 7) (O 29)	O 24 Pyramide
O 9 Monogr. Signe (O 6) et (V 30)	O 25 Obélisque
O 10 Monogr. Signe (O 6) et (G 5)	O 26 Stèle
O 11 Palais	O 27 Salle à colonnes
O 12 Monogr. (O 11) et (D 36)	O 28 Colonne
O 13 Mur surmonté d'une frise de khekerou	O 29 Poteau de bois
O 14 Portion du signe précédent	O 30 Étai
O 15 Monogr. Variante de (O 13), (W 10) et (X 1)	O 31 Vantail de porte
	O 32 Porte monumentale
	O 33 Façade de palais royal
O 34 Verrou	
O 35 Signe composite, verrou avec (D 54)	
O 36 Mur	
O 37 Mur croulant	
O 38 Angle	
O 39 Bloc de pierre ou brique	
O 40 Escalier	
O 41 Double escalier	
O 42/43 Balustrade	
O 44 Emblème érigé devant le temple de Min	
O 45 Édifice couvert d'une voûte	
O 46 Variante ancienne du précédent	
O 47 Édifice préhistorique à Hiéraconpolis	
O 48 Variante ancienne du précédent Confusion avec (O 50)	
O 49 Carrefour dans une enceinte	
O 50 Aire couverte de grains	
O 51 Grenier	

TABLEAU DES SIGNES

P – Bateaux et parties de bateaux

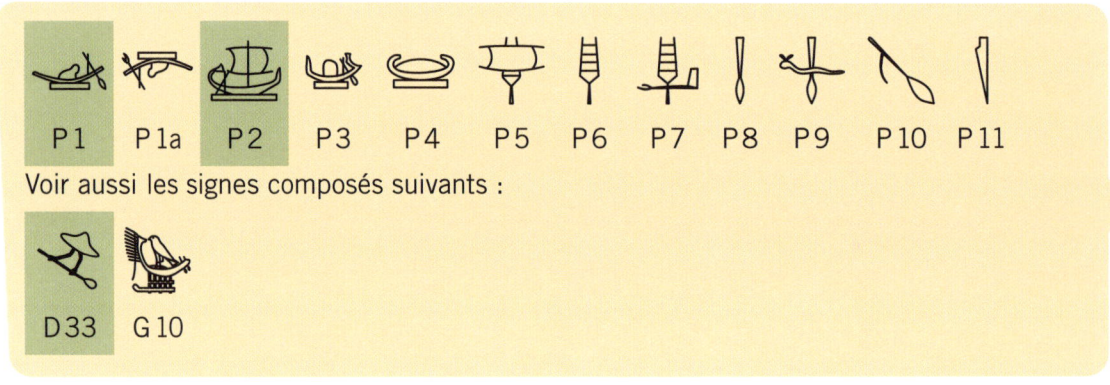

Q – Mobilier de la maison et de la tombe

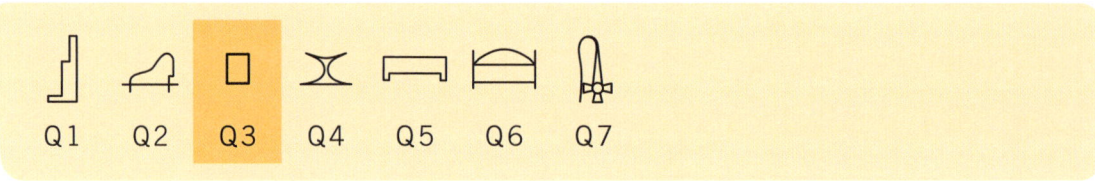

R – Mobilier sacré et matériel de culte

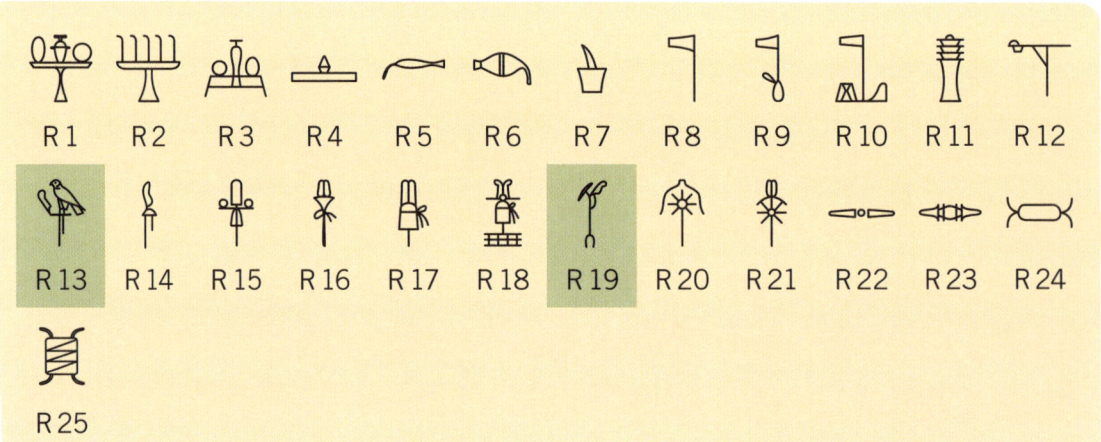

TABLEAU DES SIGNES

P 1 Bateau
P 2 Bateau avec voile déployée
P 3 Barque sacrée
P 4 Barque de pêche avec filet
P 5 Voile
P 6 Mât à échelle
P 7 Signe précédent traversé par (D 36)
P 8 Rame
P 9 Monogr. Signe précédent traversé par (I 9)
P 10 Rame-gouvernail
P 11 Piquet d'amarrage

Q 1 Siège
Q 2 Chaise à porteurs
Q 3 Natte ou tabouret de jonc
Q 4 Chevet
Q 5 Coffre
Q 6 Cercueil
Q 7 Brasero fumant

R 1 Table avec offrandes
R 2 Table avec tranches de pain
R 3 Guéridon avec offrandes
R 4 Pain sur une natte
R 5/6 Encensoir
R 7 Gobelet brûle-encens
R 8 Emblème divin
R 9 Amalgame. Signe précédent sur (V 33)
R 10 Monogr. Signe (R 8) et (T 28) et une partie de (N 25)
R 11 Fétiche sacré d'Osiris
R 12 Pavois
R 13 Faucon Horus perché sur un pavois orné d'une plume
R 14 Variante récente du précédent
R 15 Emblème de l'Est
R 16 Tige de papyrus surmontée de deux plumes
R 17 Fétiche d'Abydos
R 18 Signe précédent sur (N 24)
R 19 Sceptre-ouas (S 40) surmonté d'une plume
R 20 Emblème de la déesse Seshat (rosette sur une hampe et surmontée de cornes)
R 21 Signe précédent dans une forme plus ancienne, avec deux plumes
R 22 Emblème du dieu Min (deux mollusques fossiles ?)
R 23 Signe précédent dans une forme plus ancienne
R 24 Emblème de la déesse Neith (deux arcs entrecroisés dans leur étui)
R 25 Signe précédent dans une forme plus ancienne

TABLEAU DES SIGNES

S – Couronnes, vêtements, sceptres

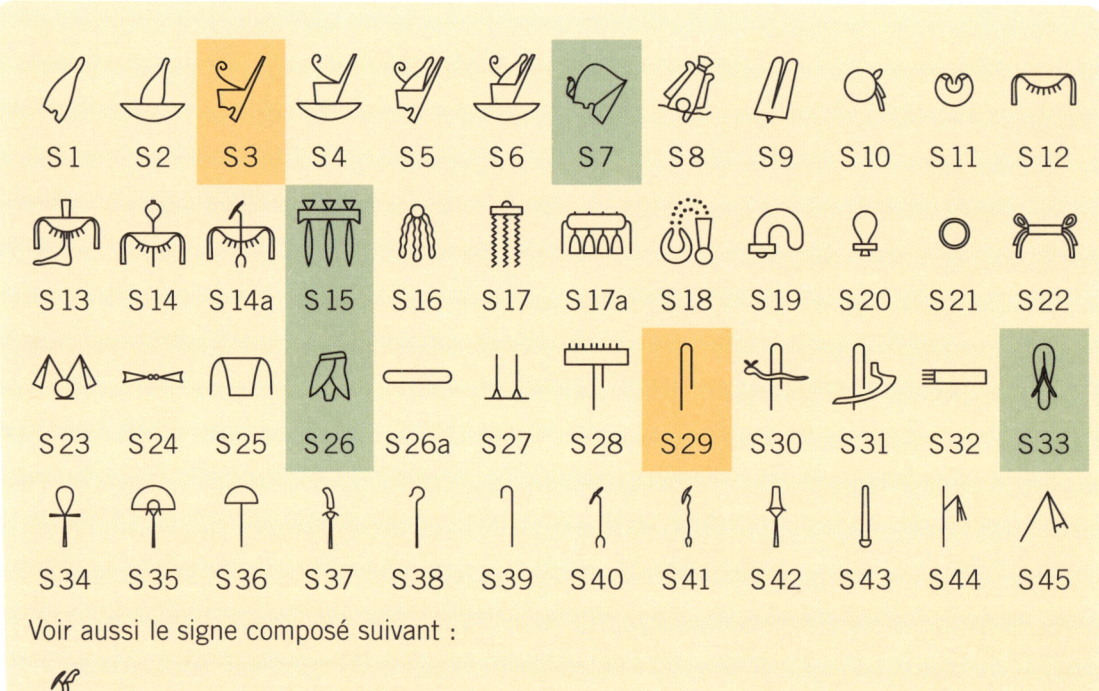

S 1	Couronne blanche de Haute Égypte
S 2	Signe composite. S 1 sur (V 30)
S 3	Couronne rouge de Basse Égypte
S 4	Signe composite. S 3 sur (V 30)
S 5	Pschent
S 6	Signe composite. Signe S 5 sur (V 30)
S 7	Couronne bleue
S 8	Couronne-atef
S 9	Double plume
S 10	Bandeau de tête
S 11	Collier de perles
S 12	Collier d'or
S 13	Monogr. Signe précédent avec (D 58)
S 14	Monogr. Signe (S 12) et (T 3)
S 15	Pectoral en perles de verre ou faïence
S 16	Variante ancienne du précédent
S 17	Variante ancienne du précédent
S 18	Collier de perles à contrepoids
S 19	Sceau cylindre attaché à un collier
S 20	Sceau cylindre attaché à un cordon
S 21	Anneau
S 22	Nœud réunissant sur l'épaule les deux bretelles d'un vêtement
S 23	Deux flagellums unis à l'anneau Sn
S 24	Nœud
S 25	Vêtement
S 26	Pagne
S 26a	Pièce d'étoffe
S 27	Étoffe avec franges
S 28	Étoffe frangée unie à (S 29)
S 29	Étoffe pliée
S 30	Monogr. Signe précédent traversé par (I 9)
S 31	Monogr. Signe S 29 et U 1
S 32	Pièce de tissu frangé
S 33	Sandale
S 34	Nœud magique ou étui phallique ?
S 35/36	Parasol en plumes d'autruche
S 37	Petit éventail
S 38	Houlette
S 39	Houlette
S 40/41	Sceptre avec tête de l'animal de Seth
S 42	Sceptre, emblème de puissance
S 43	Canne
S 44	Signe précédent avec (S 45)
S 45	Fléau (flagellum)

TABLEAU DES SIGNES

T – Armes, chasse, boucherie

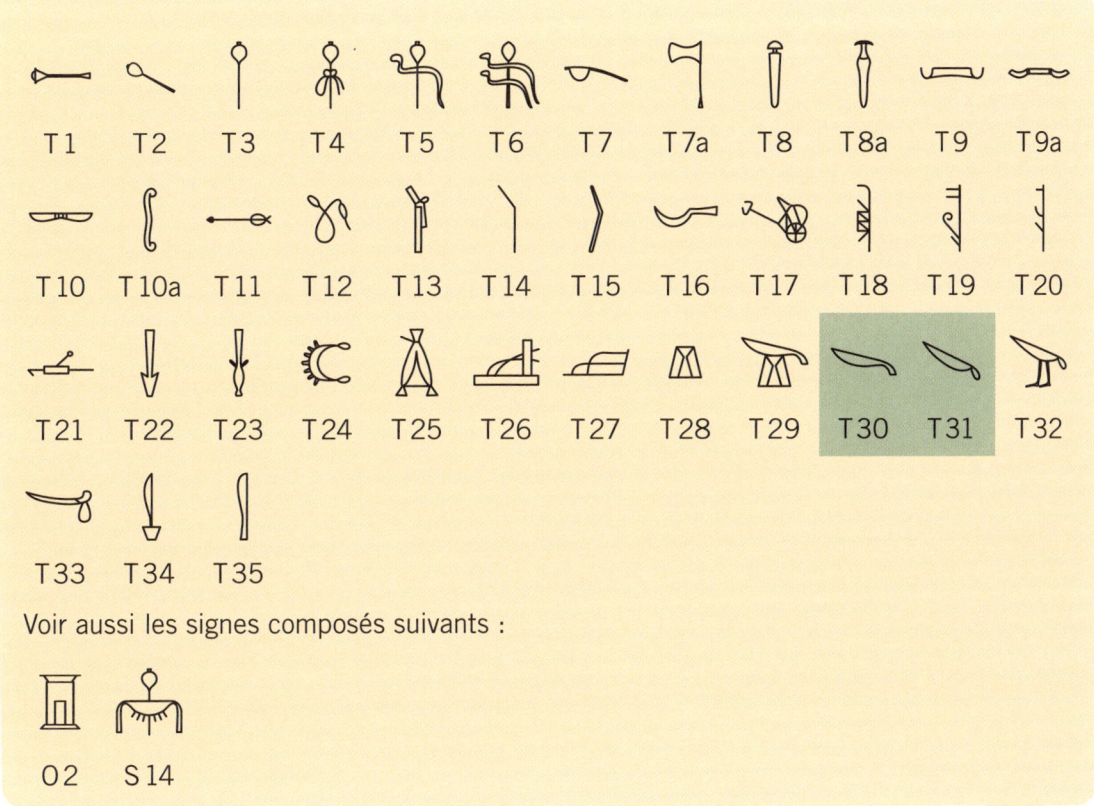

- T1 Massue à tête discoïde
- T2 Massue à tête piriforme (forme de poire), penchée
- T3 Massue T 2 verticale
- T4 *Idem*, mais avec lanière
- T5 Monogr. Combinaison de (I 10) et (T 3)
- T6 Monogr. Combinaison de (I 10) et (T 3)
- T7 Hache
- T8 Poignard
- T9 Arc
- T10 Arc composite
- T10a Variante archaïque du précédent
- T11 Flèche
- T12 Corde d'arc
- T13 Deux pièces de bois assemblées
- T14 Bâton de jet
- T15 Variante ancienne du précédent
- T16 Cimeterre
- T17 Char
- T18 Bâton auquel est fixé un couteau (équipement du serviteur)
- T19 Tête de harpon en os
- T20 Variante ancienne du précédent
- T21 Harpon à une pointe
- T22 Flèche à deux barbes
- T23 Variante récente du précédent
- T24 Filet de pêche
- T25 Flotteur constitué de deux bottes de jonc
- T26 Piège à oiseaux
- T27 Variante ancienne du précédent
- T28 Billot de boucher
- T29 Signe précédent surmonté de (T 30)
- T30 Couteau
- T31 Affiloir
- T32 Signe composite. Signe précédent sur (D 54)
- T33 Affiloir
- T34/35 Couteau de boucher

TABLEAU DES SIGNES

U – Instruments agricoles et outils divers

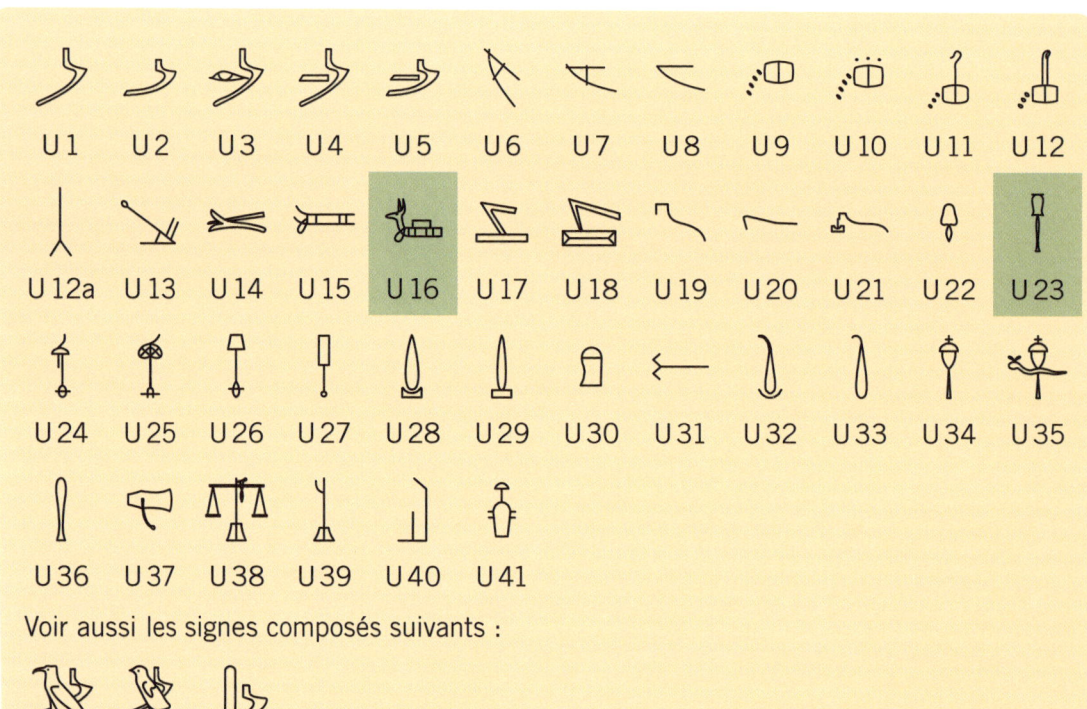

U 1/2 Faucille
U 3   Signe composite formé
       de (U 1) et (D 4)
U 4/5 Signe composite formé
       de (U 1) et (Aa 11)
U 6/7 Houe
U 8   Houe sans lien
U 9   Mesure à grains (environ 4,5 litres)
       d'où s'échappe du grain
U 10 Signe composite.
       Mesure à grains sous (N 33)
U 11 Signe composite. (S 38) et (U 9)
U 12 Signe composite. (D 50) et (U 9)
U 13 Charrue
U 14 Deux pièces de bois assemblées

U 15 Traîneau
U 16 Traîneau à tête de chacal
       avec charge
U 17 Pic creusant un bassin
U 18 Variante ancienne du précédent
U 19 Herminette
U 20 Variante ancienne du précédent
U 21 Herminette entaillant une pièce
       de bois
U 22 Ciseau court
U 23 Ciseau long
U 24/25 Trépan pour forer la pierre
U 26/27 Trépan pour perforer
         les perles
U 28/29 Outil pour faire le feu

U 30 Four de potier
U 31 Signe indéterminable
       (instrument de boulanger ?)
U 32 Pilon et mortier
U 33 Pilon
U 34 Fuseau
U 35 Monogr. U 34 avec (I 9)
U 36 Bâton de foulon
U 37 Rasoir
U 38 Balance
U 39 Support de balance
U 40 Forme semi-hiératique
       du précédent
U 41 Peson de la balance

TABLEAU DES SIGNES

V – Cordes, vannerie, corbeilles

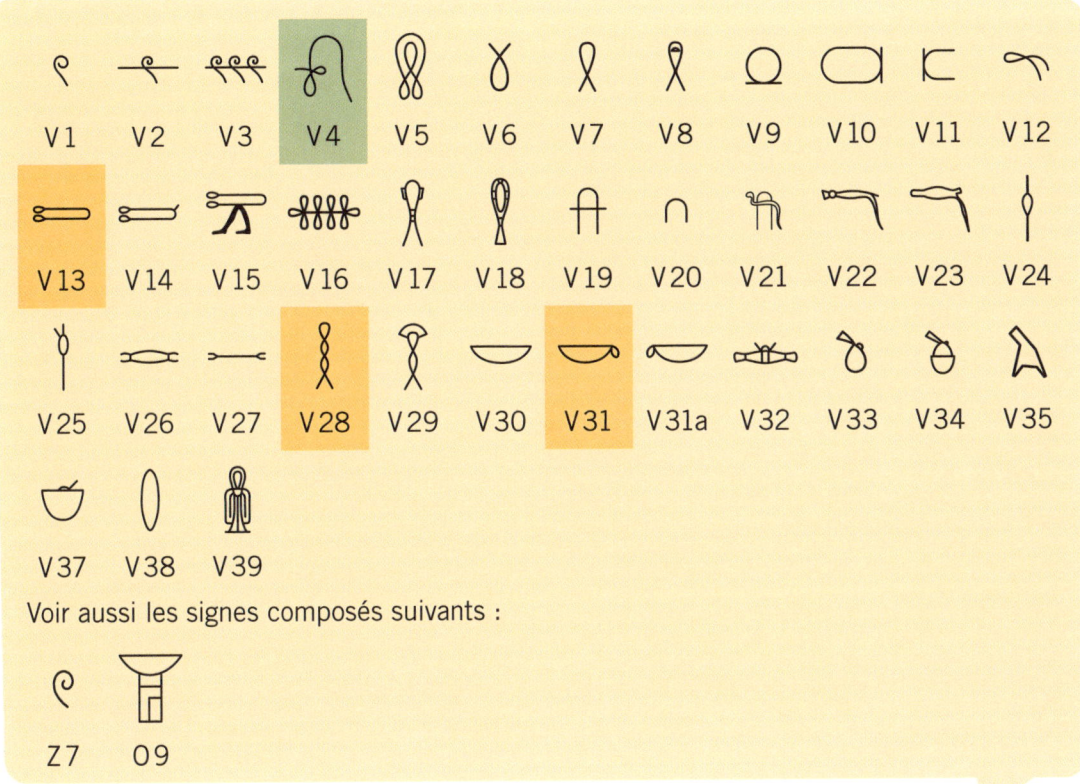

V 1 Pelote de cordes
V 2 Corde enroulée tirant sur un morceau de bois
V 3 Signe analogue au précédent, mais avec trois cordes
V 4 Lasso
V 5 Boucle de cordes
V 6 Corde avec les extrémités vers le haut
V 7 Corde avec les extrémités vers le bas
V 8 Variante rare du précédent
V 9 Cartouche rond
V 10 Cartouche allongé
V 11 Signe sans doute réinterprété comme un demi-cartouche
V 12 Bandeau
V 13/14 Cordes servant à entraver un animal
V 15 Amalgame. Signe précédent sur (D 54)
V 16 Corde à plusieurs nœuds servant d'entrave
V 17/18 Abri de berger, fait de papyrus
V 19 Entrave pour le bétail
V 20 Même signe que le précédent, sans la barre de bois
V 21 Monogr. Signe précédent avec (I 10)
V 22 Fouet
V 23 Fouet. Forme ancienne du précédent
V 24 Corde enroulée sur un bâton
V 25 Variante récente du précédent
V 26 Navette de tisserand
V 27 Variante ancienne du précédent
V 28 Mèche de corde
V 29 Balai fait de fibres de lin
V 30 Corbeille
V 31 Corbeille avec anse à droite
V 32 Flotteur attaché à la corde du harpon
V 33 Sac en lin
V 34 Forme récente du précédent
V 35 Forme ancienne de (V 33)
V 36 Étui
V 37 Bol attaché et scellé au sommet
V 38 Incision pratiquée dans le flanc du défunt pour la momification
V 39 Amulette en forme de nœud

TABLEAU DES SIGNES

W – Vases

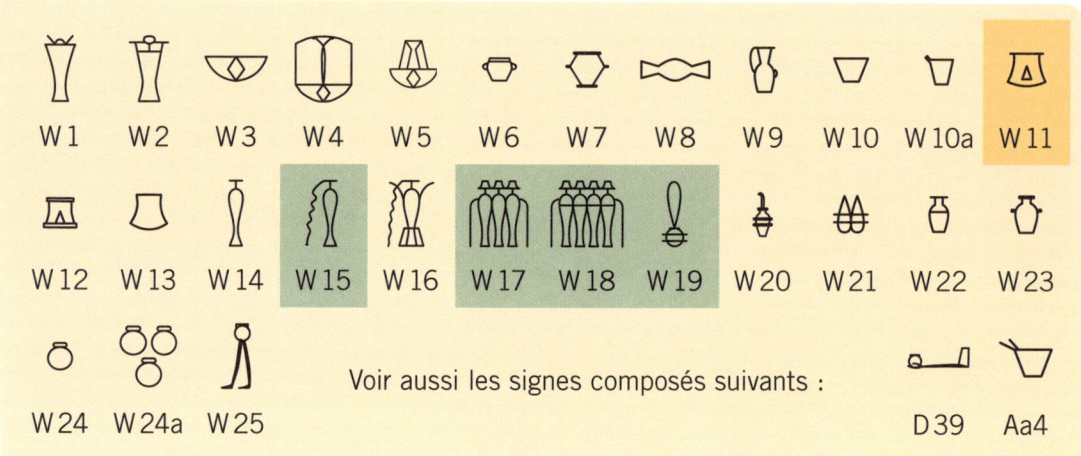

X – Pains et gâteaux

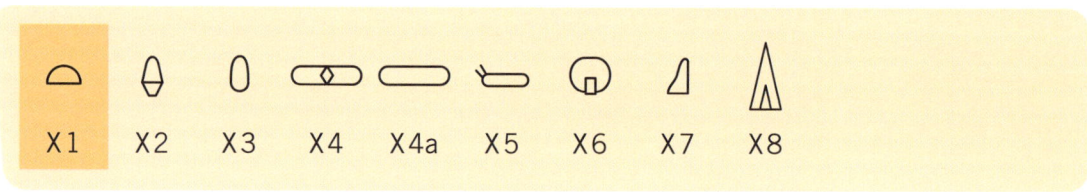

Y – Écriture, jeux et musique

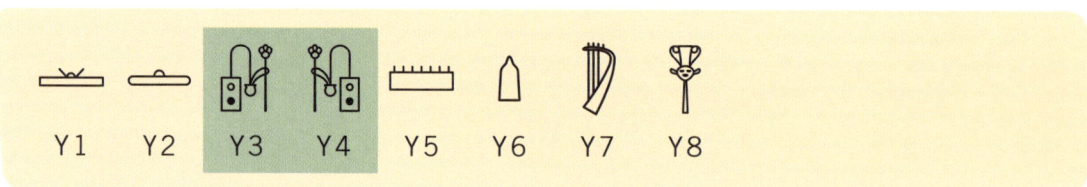

Z – Traits, signes dérivés du hiératique et figures géométriques

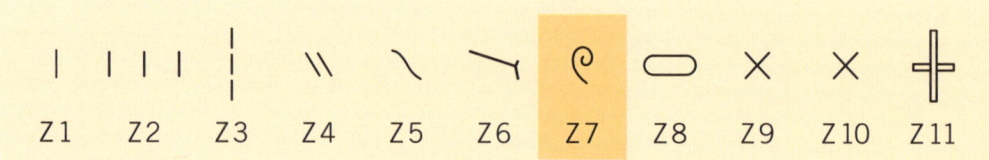

TABLEAU DES SIGNES

W 1 Jarre à huile scellée
W 2 Jarre à huile non scellée
W 3 Bassin d'albâtre destiné aux libations
W 4 Signe composite, signe précédent supportant (O 22)
W 5 Monogr. (W 3) et (T 28)
W 6 Vase
W 7 Vase de granit
W 8 Vase de granit (déformation du signe précédent)
W 9 Cruche en pierre avec anse
W 10 Coupe
W 11 Support de vase
W 12 Variante ancienne du précédent
W 13 Vase rouge. Forme ancienne de (W 11)
W 14 Aiguière
W 15 Aiguière d'où coule de l'eau
W 16 Signe composite, (W 15) et (W 12)
W 17 Trois jarres alignées dans un bâti
W 18 Quatre jarres alignées dans un bâti
W 19 Cruche à lait portée dans un filet
W 20 Cruche à lait recouverte d'une feuille
W 21 Deux cruches à vin
W 22 Cruche à bière
W 23 Cruche avec anses
W 24 Pot
W 25 Amalgame, (W 24) et (D 54)

X 1/2/3 Pain(s)
X 4 Pain allongé
X 4a Signe similaire au N 18
X 5 Variante du précédent (forme semi-hiératique)
X 6 Pain rond avec empreinte des doigts du boulanger
X 7 Demi-pain
X 8 Pain conique

Y 1 Rouleau de papyrus, ficelé et scellé
Y 2 Variante archaïque du précédent
Y 3 Nécessaire de scribe (palette, sac pour les pigments et réserve de roseaux)
Y 4 Variante rare du précédent
Y 5 Damier avec pions (jeu du senet)
Y 6 Pion
Y 7 Harpe
Y 8 Sistre

Z 1 Trait vertical
Z 2/3 Trois traits verticaux
Z 4 Deux traits obliques
Z 5 Trait oblique
Z 6 Substitut hiératique pour (A 13) et (A 14)
Z 7 Adaptation hiéroglyphique de la forme abrégée hiératique du signe (G 43)
Z 8 Ovale
Z 9 Deux bâtons croisés
Z 10 Variante archaïque du précédent
Z 11 Deux planches assemblées en croix

TABLEAU DES SIGNES

Aa – Inclassables

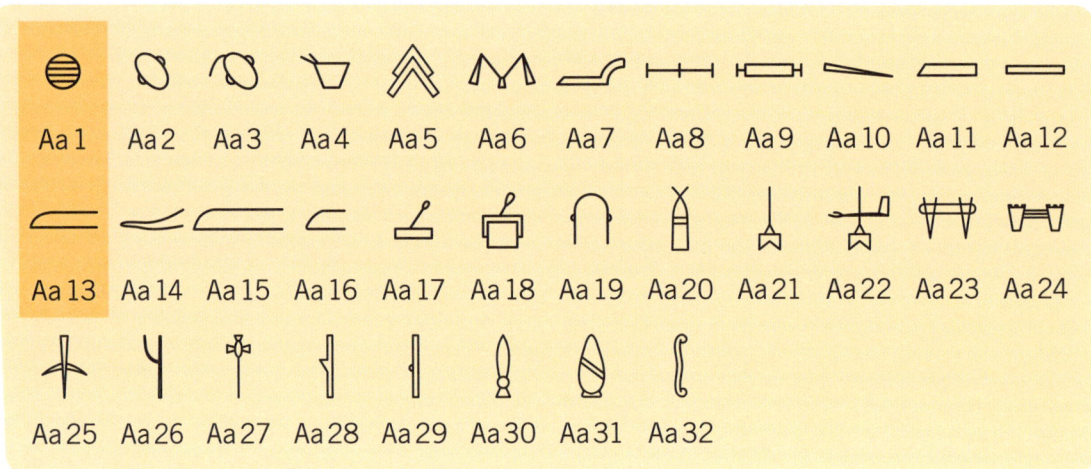

Aa 1   Crible ou couvercle fait de matières végétales
Aa 2   Incision que deux doigts commencent à refermer
Aa 3   Signe précédent duquel s'échappe un liquide
Aa 4   Voir *supra* (W 10a)
Aa 5   Système de gouvernail d'un navire ?
Aa 6   Signe non identifié
Aa 7   Signe non identifié
Aa 8   Canaux d'irrigation
Aa 9   Signe non identifié
Aa 10 Signe non identifié
Aa 11 Estrade, podium
Aa 12 Forme ancienne du précédent
Aa 13 Côte de gazelle
Aa 14 Forme archaïque du précédent
Aa 15 Forme récente de (Aa 13)
Aa 16 Forme brève de (Aa 13)
Aa 17/18 Sorte de couvercle, ou partie arrière d'un objet ?
Aa 19 Signe non identifié
Aa 20 Signe non identifié (sac de scribe ?)
Aa 21 Hachoir
Aa 22 Monogr. Signe précédent et (D 36)
Aa 23 Signe non identifié
Aa 24 Forme archaïque du précédent
Aa 25 Signe non identifié, proche de (F 36)
Aa 26 Signe non identifié
Aa 27 Signe non identifié
Aa 28 Instrument de briquetier ou de plâtrier
Aa 29 Forme archaïque du précédent
Aa 30 Motif décoratif à la frise d'un mur
Aa 31 Forme archaïque du précédent
Aa 32 Voir le signe (T 10a)

Exercice d'écriture horizontale : de gauche à droite

Dans cet exercice, il s'agit de recopier une suite de mots en suivant les traits grisés. Tous les mots proposés sont issus des pages d'écriture « Dessins pas à pas » (p. 13 à 91).

A – L'Homme et ses activités

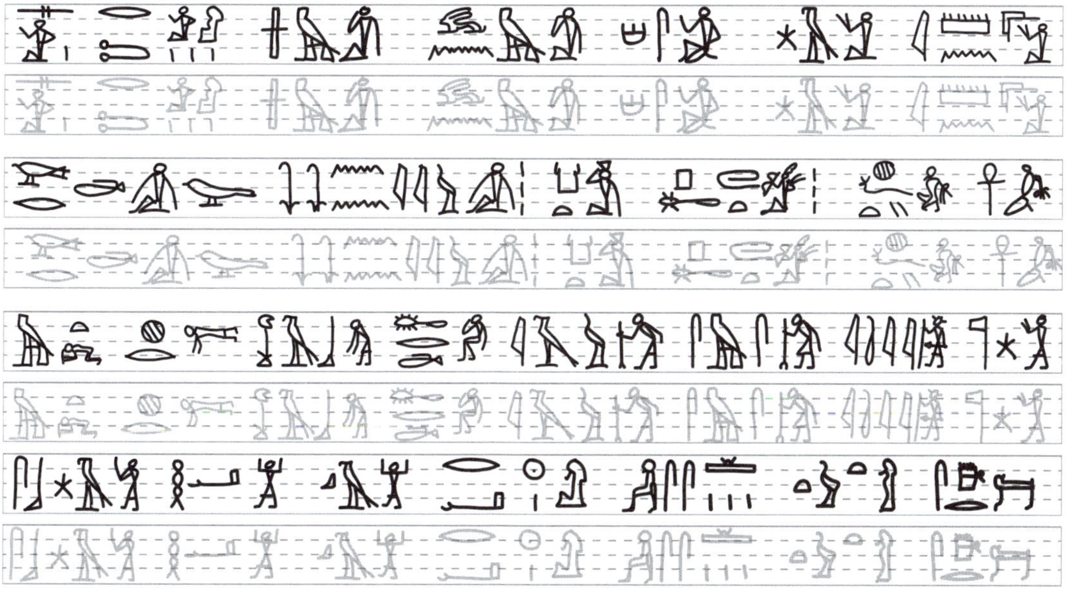

B – La Femme et ses activités

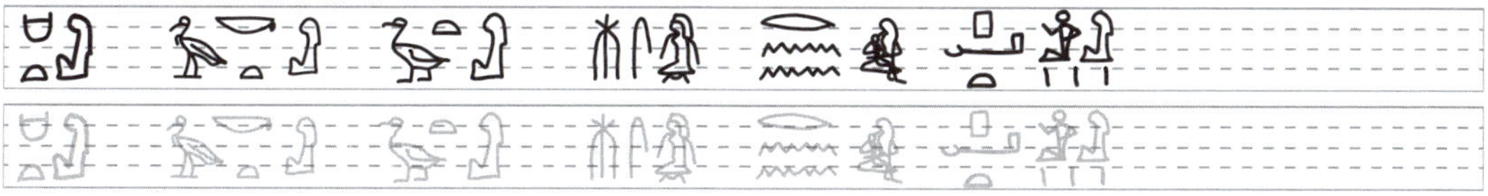

C – Les Divinités anthropomorphes

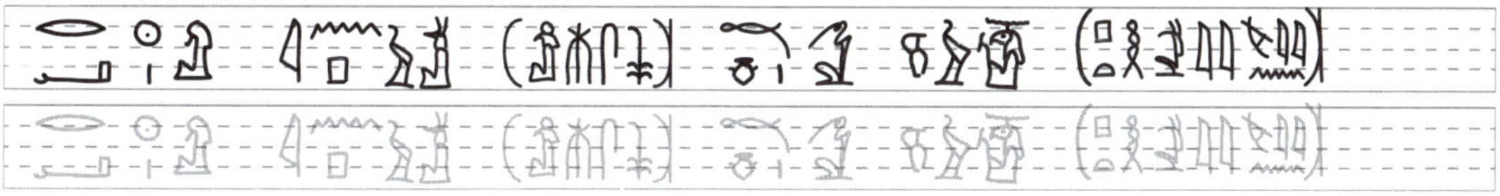

EXERCICES D'ÉCRITURE

C – Les Divinités anthropomorphes (suite)

D – Parties du corps humain

E – Mammifères

EXERCICES D'ÉCRITURE

E – Mammifères (suite)

F – Parties de mammifères

G – Oiseaux / H – Parties d'oiseaux

EXERCICES D'ÉCRITURE

G – Oiseaux / H – Parties d'oiseaux (suite)

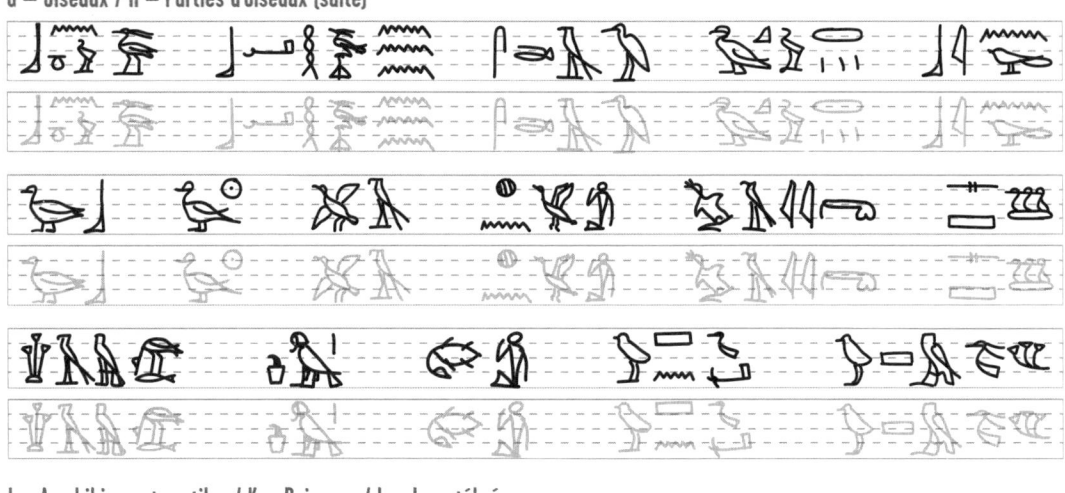

I – Amphibiens et reptiles / K – Poissons / L – Invertébrés

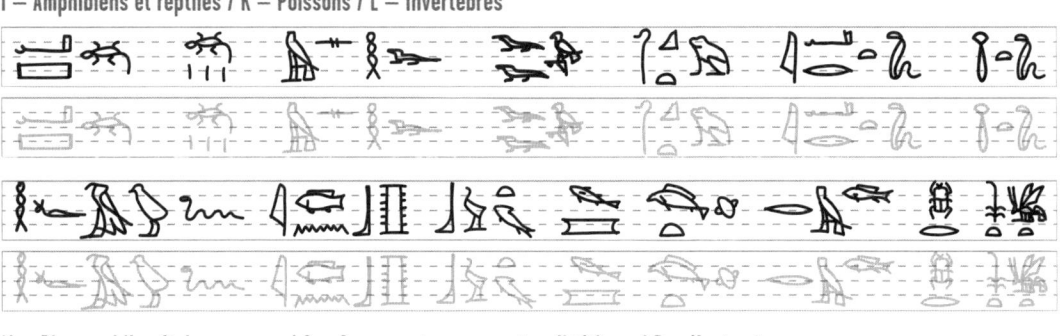

M – Plantes / N – Ciel, terre, eau / O – Constructions et parties d'édifices / P – Navigation...

P – ...Navigation / S – Vêtements...

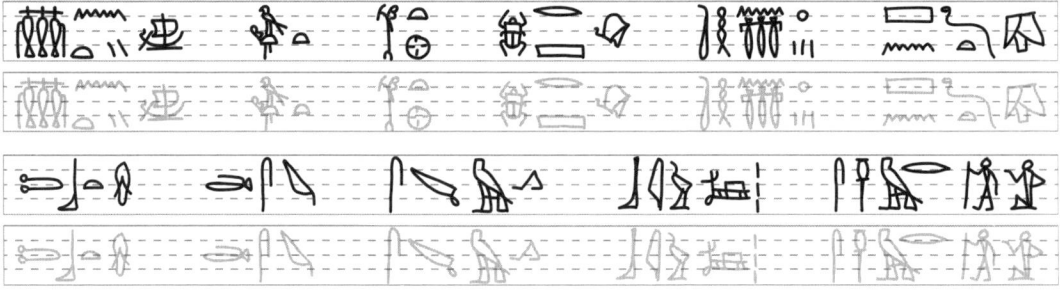

EXERCICES D'ÉCRITURE

V – Cordes / W – Vases / Y – Écriture

Exercice d'écriture horizontale : les nombres

Sept signes (Z1 |, V20 ∩, V1 ℰ, M12 , D50 , I8 , C11) servent à noter les chiffres du système décimal égyptien qui fonctionne par addition et s'écrit par ordre décroissant :

1	ǀ	100	ℰ	10 000		1 000 000	
10	∩	1 000		100 000			

Exemples : ∩∩ = 20 (10+10) ; = 33 (10+10+10+1+1+1) ; = 264 (2 x 100 + 6 x 10 + 4 x 1) ; = 32 132 (3 x 10 000 + 2 x 1 000 + 100 + 3 x 10 + 2 x 1).
Déchiffrez les nombres ci-dessous et entraînez-vous à les écrire. Les solutions se trouvent en p. 126.

EXERCICES D'ÉCRITURE

Exercice d'écriture horizontale : de droite à gauche

Ce texte correspond au Préambule du *Conte du Naufragé* (Papyrus n° 1115 dit Golénischeff). Recopiez le texte hiéroglyphique ci-dessous en suivant le modèle manuscrit sur la page suivante.

Texte hiéroglyphique

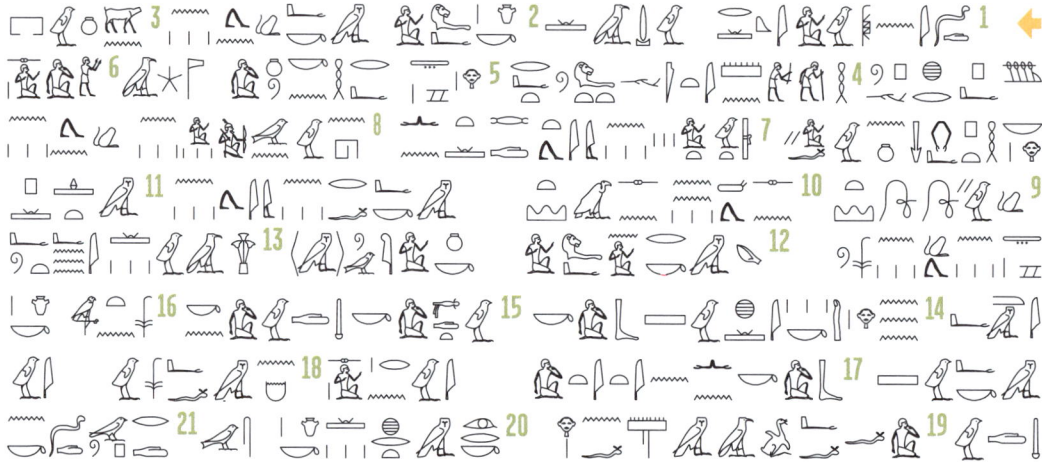

Traduction

1. Un compagnon excellent dit alors : **2.** Sois tranquille, prince *(que ton cœur soit en repos)* ! Vois, nous voici arrivés **3.** au pays. Le maillet a été saisi, **4.** le pieu a été frappé, l'amarre de proue est déjà posée **5.** sur le sol. On rend grâces, on remercie dieu. **6.** Chaque homme embrasse son camarade *(semblable)*. **7.** Notre équipage est revenu sain et sauf, sans **8.** perte pour notre armée. Nous avons atteint **9.** les confins du pays de Ouaouat **10.** et avons dépassé l'île de Senmout. Vois donc ! nous sommes revenus *(arrivés)* **11.** en paix ; notre pays, nous l'avons enfin atteint. **12.** Je t'en prie, écoute-moi, ô Prince, car **13.** je n'exagère pas ! Lave-toi, mets **14.** de l'eau sur tes doigts de sorte que tu répondras **15.** quand tu seras interrogé. Puisses-tu parler au **16.** roi avec sérénité *(ton cœur étant avec toi)*, **17.** et répondre sans hésiter. La bouche de l'homme **18.** le sauve ; sa parole **19.** fait qu'on lui est indulgent *(fait que la face se voile pour lui)*. **20.** Et puis toi, fais ce que bon te semble *(agis à ta guise)* ! **21.** À quoi bon te parler ? *(c'est épuisant de te parler)*.

EXERCICES D'ÉCRITURE

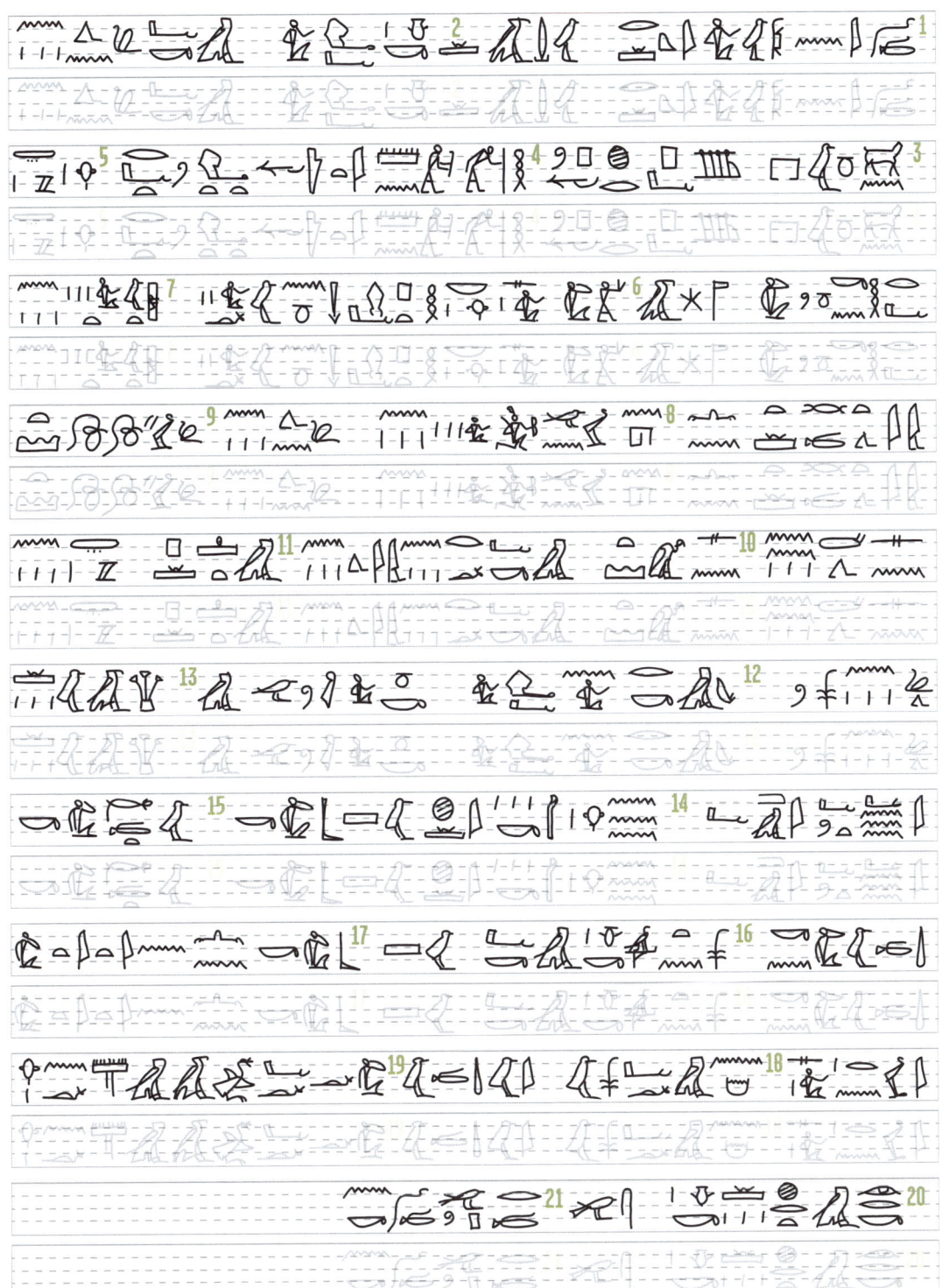

EXERCICES D'ÉCRITURE

Exercice d'écriture verticale

Voici quelques exemples de titulatures de souverains (égyptiens et étrangers) et d'épouses royales à recopier en suivant le modèle (la traduction et la translittération se trouvent p. 126). Vous trouverez trois des cinq titres de la titulature complète des rois égyptiens :

- le nom d'Horus, qui est aussi le nom du couronnement, est le titre le plus ancien. Le cartouche rectangulaire, représentant schématiquement le palais royal (cartouche ▢ *serekh*), est surmonté du faucon Horus ;

- le nom *nysout-bity*, inscrit dans un cartouche aux bords arrondis (cartouche ⬭ *shénou*) et surmonté du groupe 🌿🐝 (le roseau M23 et l'abeille L2), est en quelque sorte le nom de « règne »; on le traduit par « Roi de Haute et Basse Égypte ». C'est ce nom qui figure sur les registres officiels des souverains (listes royales) et il équivaut à une courte phrase terminée souvent par Rê ☉ *rˁ*. La règle d'écriture demande cependant que le nom divin (Rê) soit gravé en tête du nom ;

- à partir de la Ve dynastie, le roi devient Fils de Rê (*sꜣ-rˁ*) 🦆☉ et reçoit un nom de naissance (prénom). C'est celui que nous citons aujourd'hui, suivant ainsi la tradition grecque, et auquel on a ajouté, comme pour les souverains européens, un numéro en chiffres romains pour distinguer les souverains ayant le même prénom : Sésostris Ier, Thoutmôsis III, Ramsès II, etc.

EXERCICES D'ÉCRITURE

Dyn. 12　Dyn. 18　Dyn. 19　Dyn. 27

Dyn. 26　Dyn. 25　Gr.-Rom.

Écrire son nom

Pour transcrire un nom ou un prénom moderne en hiéroglyphes, on peut :

- soit utiliser un tableau d'équivalence des lettres de l'alphabet latin et des unilitères phonétiquement les plus proches ;
- soit s'inspirer de la méthode antique qui consistait à transcrire phonétiquement les noms propres étrangers en hiéroglyphes, par exemple *ch* avec le signe *š* [ch] et non *c + h*.

La première méthode est très élémentaire tandis que la seconde respecte davantage la prononciation du nom et permet, par un choix judicieux des signes, d'obtenir une composition harmonieuse – une calligraphie en quelque sorte – ce à quoi tend toute l'écriture hiéroglyphique, à la fois élégante et noble. C'est cette méthode que nous allons suivre ici.

Enfin, on peut aussi adapter son nom, le traduire à partir de son sens, de son étymologie ou encore, avec un peu d'imagination, en inventer un en puisant dans le vocabulaire égyptien et en imitant les usages antiques : *L'élu(e) de…* ; *Aimé(e) par…* ; *L'héritier / héritière de…* ; *L'image de…* suivi d'un nom (voir la bibliographie pour plus d'exemples).

Transcription phonétique à la façon « pierre de Rosette »

Les scribes transcrivaient les noms propres étrangers phonétiquement, avec quelques adaptations : ils employaient des unilitères, c'est-à-dire de simples consonnes, parfois des bilitères (comme 𓋴 *śʒ* [sa] ou 𓃀 *bʒ* [ba]) ou des groupes (comme 𓉔 *ḥʒ-ʒ* [ha]) pour la valeur de la consonne initiale : *ś(ʒ)* pour *ś* ; *b(ʒ)* pour *b* ; *ḥ(ʒ-ʒ)* pour *ḥ*. Ils pouvaient ajouter un déterminatif en fin de nom pour préciser le genre (masculin ou féminin). Il n'y avait pas de voyelles, mais les consonnes *ʒ* et *ʿ* et les semi-consonnes *ỉ* et *w* étaient utilisées parfois comme support de voyelles (comme en hébreu). Il n'y avait pas de règle orthographique stricte, au mieux un usage plus fréquent.

Pour transcrire un nom ou un prénom d'aujourd'hui, on s'inspirera pour cela du tableau des valeurs phonétiques que J.-F. Champollion avait élaboré à l'issue de ses travaux sur le déchiffrement et publié dans sa *Lettre à M. Dacier relative à l'alphabet des hiéroglyphes phonétiques* (1822). Le déchiffreur passionné s'était pris lui-même au jeu et avait fait figurer, au bas de quelques planches, son nom en hiéroglyphes : 𓍊𓂸𓃀𓏏 *(š-m-p-w-l-l-ỉ-w(ʒ)-ỉ-n)*.

ÉCRIRE SON NOM

Voici un tableau récapitulatif des valeurs phonétiques adaptées aux sons du français et librement inspiré de celui de Champollion. Pour un même son français, on pourra choisir entre plusieurs signes hiéroglyphiques dont la valeur phonétique est équivalente ou voisine. L'agencement relatif des signes devrait guider le choix entre signes verticaux et signes horizontaux.

[b]	(🐾)*	[h]		[p]	( )*
[c / k / qu]	( )*	[j] *(dj)*		[r]	
[ch]	( )*	[l]**		[s / ss / ç]	( )*
[d]	( )*	[m]		[t]	( )
[f / ph / v]		[n]	( )*	[tch]	
[g/gu]		[gn]		[z]	( )*

La notation des voyelles est facultative (les sons simples [e] [eu] [é] [è] ne seront pas notés).

[a]		[i / y / ille]		[o, ou, u, w]	( )

* Certains bilitères (consonne + ȝ, ỉ, ʿ ou w) peuvent être utilisés pour la valeur consonantique de la consonne initiale, exemple : G29 ou R7 *b(ȝ)* pour [b], V4 *w(ʿ)* pour [w / ou], G39 *s(ȝ)* pour [s] ou [z] ou N16 *t(ȝ)* pour [t].

** De même, le signe E23 *r(w) lion couché* équivaut à *r*. Les signes *r* et *r(w)* alternent pour noter aussi bien le son [r] que le son [l] ; un peu comme les Japonais qui ne distinguent pas les deux sons.

Comment procéder ?

Imaginons que vous soyez un scribe, vous ne disposez que de consonnes pour écrire le prénom qu'on vous énonce : vous vous baserez donc sur la prononciation en utilisant les signes phonétiques qui s'en rapprochent le plus, exemple : **Clémentine,** *k-r/l-m-n-t-n* ; **Maxime,** *m-k-s-m* et ainsi de suite.

Pour les voyelles initiales (**A**naïs, **O**livia, **E**nzo, **A**lban, etc.) et pour les diphtongues (G**a**ël, H**é**loïse, M**a**ëlys, Th**é**o), on utilisera une combinaison des signes du second tableau : [a] [i]/[e] [o]/[ou]. En outre et peuvent signifier [ë], [ï] ou [é]/[è], ou encore un [ie] final.

ÉCRIRE SON NOM

Beau comme l'antique

Les rares prénoms d'origine antique (Alexandre, Philippe, Sébastien, Bérénice, Sabine), et qui sont attestés dans les inscriptions égyptiennes, pourront être recopiés tels quels ou légèrement adaptés. Il faut savoir toutefois que c'est sur la base du grec que les Égyptiens écrivaient les noms propres et les titres latins des Romains. Ainsi, **Octave,** devenu empereur sous le nom de César Auguste, s'exprime en grec par *Autokrator Kaïsar Sebastos* (Αὐτοκράτωρ Καῖσαρ Σεβαστός). De là, pour le titre *empereur* (lat. *imperator*) on trouve la transcription *ꜣ-w-t-ḳ-r-t-r* ; pour le nom d'**Auguste,** *s-b-ś-t-ś* sur la base de la traduction grecque du latin *augustus*, *sebastos* (Σεβαστός) qui signifie *vénérable, majestueux* et pour **César,** *k-ỉ-ỉ-ś-r-ś* d'après le grec *Kaïsaros* (Καίσαρος), génitif de *Kaïsar* (Καῖσαρ). Les textes démotiques et hiéroglyphiques ont adopté le génitif à la place du nominatif *Kaïsar*. Quelques exemples figurent dans la partie *Exercices d'écriture* (p. 121).

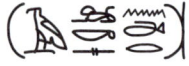
Alexandre *(ꜣ-r/l-k-s-n-d-r)* sur la base du grec *Alexandros* (Ἀλέξανδρος), voir p. 121.

Alex ou **Alexandra** *(ꜣ-r/l-k-ś-n-d-r-ꜣ-t)*, ou  **Sandra** *(ś-n-d-r-ꜣ-t)*. Les prénoms féminins portent la marque (muette) du féminin égyptien ⌒ *-t* et le signe H8 ○, déterminatif pour la divinité féminine.

Philippe *(p-h-l-l-p)* sur la base du grec *Philippos* (Φίλιππος), voir p. 121. Le *ph* de **Phi**lippos, était prononcé aux IVᵉ-IIIᵉ siècles avant J.-C. non comme notre *f*, pour lequel l'égyptien avait un signe propre ~ *f*, mais comme *p-h*, ce qui correspond en effet à la prononciation antique du φ *phi* grec. Le passage de *p-h* à *f* est plus tardif.

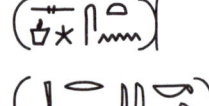
Sébastien *(s-b-[śbꜣ]-ś-t-n)* à partir d'une des graphies de *Sebastos* (Σεβαστός) c'est-à-dire Auguste, voir p. 121.

Bérénice *(b-r-n-ỉ-ỉ-k-t)* sur la base de *Berenikê* (Βερενίκη), voir p. 121.

Véronique *(f-r-n-ỉ-ỉ-k-t)* est dérivé de Bérénice.

Sabine *(s-ʿ-b-ỉ-ỉ-n-ꜣ-t)* sur la base de *Sabina* (Σαβίνα).

EXERCICES D'ÉCRITURE

Déchiffrement contemporain : à vous de jouer !

Voici quelques prénoms courants, essayez de les déchiffrer et d'en écrire d'autres à votre tour (les solutions sont p. 126) :

Solutions

Exercice d'écriture horizontale : les nombres (p. 117)

1re ligne 1 : 3 495 ; 22 311 ; 140 000 ; 25 ans ; 10 000 hommes. 2e ligne : 330 chefs ; les 365 dieux ; 1 000 pains et (cruches) de bière ; 1 000 villes. 3e ligne : 75 serpents ; Temple des millions d'années ; 2 500 captifs.

Exercice d'écriture verticale (p. 120-121)

Dynastie 0 « **Scorpion II** » (roi mythique), *wḥꜥ* ; **Nârmer**, *nꜥr-mr*. **1re dyn.**: **Djet**, *ḏ.t* ; **Den**, *dn*. **3e dyn.**: **Djoser**, *ḏsr*. **4e dyn.**: **Snéfrou**, *śnfr(w)-w(j)* ; **Khufu** (Chéops), *ḫ(w)=f-w(j)* ; **Djedefrê** (Didoufri), *ḏd(.t)=f-rꜥ* ; **Khâfrâ** (Chéphren), *ḫꜥ=f-rꜥ* ; **Menkaourê** (Mykérinos), *mn-kꜣ.w-rꜥ*. **5e dyn.**: **Ouserkaf**, *wśr-kꜣ=f* ; **Sahourê**, *śꜣḥ.w-rꜥ* ; **Dejdkhâou** (Djedkarê-Isesi), *ḏd-ḫꜥ.w* ; **Ounas**, *wnjś*. **6e dyn.**: **Téti**, *ttj* ; **Pepi-Meryrê** (nom étendu de Pépi Ier), *mrj-tꜣ.wj mrj-rꜥ sꜣ-rꜥ-ppj* ; **Pepi-Neferkarê** (Pépi II) *ppj-nfr-kꜣ-rꜥ*. **8e dyn.**: **Ouadjkarê**, *wꜣḏ-kꜣ-rꜥ*. **9e dyn.**: **Nebkaourê Khety**, *nj-św.t-bjtj ḫtj nb-kꜣ.w-rꜥ ꜥnḫ.w ḏ.t*. **11e dyn.**: **Antef**, *sꜣ-rꜥ-jn(w)-jt=f* ; **Nebhepetrê** (Montouhotep II), *nb-ḥpt-rꜥ* ; **Seankhkarê** (Montouhotep III), *śꜥnḫ(w)-kꜣ-rꜥ*. **12e dyn.**: **Sehetepibrê** (Amenemhat Ier), *śḥtp(w)-jb-rꜥ* ; **Kheperkarê** (Sesostris Ier), *ḫpr(w)-kꜣ-rꜥ* ; **Noubkaourê** (Amenemhat II), *nbw-kꜣ.w-rꜥ* ; **Khâkheperrê** (Sesostris II), *ḫꜥ(w)-ḫpr-rꜥ* ; **Khâkaourê** (Sesostris III), *ḫꜥ(w)-kꜣ.w-rꜥ* ; **Nimaâtrê** (Amenemhat III), *n(j)-mꜣꜥ.t-rꜥ*. **18e dyn.**: **Nebpehtyrê** (Ahmosis Ier), *nb-pḥtj-rꜥ jꜥḥ-mś(w)* ; **Djeserkarê** (Aménophis Ier), *ḏsr-kꜣ-rꜥ jmn-ḥtp* ; **Maâtkarê** (Hatshepsout), *mꜣꜥ.t-kꜣ-rꜥ ḥꜣ.t-špś.wt ḫnm(.w).t-jmn* ; **Menkheperrê** (Thoutmosis III), *mn-ḫpr-rꜥ ḏḥwtj-mś(w)-nfr-ḫpr.w* ; **Nebmaâtre** (Aménophis III), *nb-mꜣꜥ.t-rꜥ jmn-ḥtp(w) ḥqꜣ-wꜣś.t* ; **Akhénaton** (Aménophis IV), *nfr-ḫpr.w-rꜥ wꜥ-n(j)-rꜥ sꜣ-rꜥ ꜣḫ-n-jtn* ; **Néfertiti**, *nfr-nfrw-jtn nfr.t-jj.tj* ; **Nebkheperourê** (Toutankhamon), *nb-ḫpr.w-rꜥ twt-ꜥnḫ-jmn ḥqꜣ-jwnw-rśj* ; **Horemheb**, *ḏsr-ḫpr.w śtp(w)-n-rꜥ ḥr-m-ḥꜣb-mrj-jmn*. **19e dyn.**: **Menmaâtrê** (Seti Ier), *mn-mꜣꜥ.t-rꜥ śtḥj-mrj-n-ptḥ* ; **Ousermaâtrê** (Ramsès II), *wśr-mꜣꜥ.t-rꜥ śtp(w)-n-rꜥ rꜥ-ms-sw mrj-jmn*. **25e dyn.**: **Taharqa**, *thrq(ꜣ)*. **26e dyn.**: **Psammétique**, *p(ꜣ)-ś-mtk*. **27e dyn.**: **Cambyse II**, *kmbjtt* ; **Darius Ier**, *trjwś*. **Période gréco-romaine** : **Alexandre IV**, *ꜣlkśjndrś* ; **Philippe III** (« Arrhidée ») *phlpwś* ; **Ptolémée XII**, *ptwlmjś ꜥnḫ-ḏ.t mrj-(n)-ptḥ-ꜣś.t* ; **Bérénice II**, *brnjk.t* ; **Cléopâtre VII**, *klꜣwpꜣdrꜣ.t* ; **César Empereur** (autokrator kaïsaros) *ꜣwtḳrtr-kjjsrs* ; **Auguste** (« Souverain des souverains, élu de Ptah »), *ḥqꜣ-ḥqꜣ.w śtp(w)-n-ptḥ* ; **Tibère** *tjbrjs*.

Prénoms contemporains (déchiffrement) (p. 125)

1 : Zoé ; 2 : Alban ; 3 : Gaël ; 4 : Agnès ; 5 : Axel ; 6 : Lucie ; 7 : Fanny ; 8 : Quentin ; 9 : Enzo ; 10 : Jordan ; 11 : Charles ; 12 : William ; 13 : Samuel ; 14 : Clémentine ; 15 : Maxime ; 16 : Stéphane ; 17 : Vincent ; 18 : Yann ; 19 : Maëlys, 20 : Élisa, 21 : Nina ; 22 : Théo ; 23 : Anaïs ; 24 : Benjamin ; 25 : David ; 26 : Héloïse ; 27 : Gabrielle 28 : Justine ; 29 : Olivia ; 30 : Rémi ; 31 : Kenza ; 32 : Pauline ; 33 : Yasmine

Bibliographie

Sur les hiéroglyphes (histoire, signification, linguistique)

WINAND Jean, *Les Hiéroglyphes égyptiens*, coll. « Que sais-je ? », PUF, Paris, 2013.

MALAISE Michel et WINAND Jean, *Grammaire raisonnée de l'égyptien classique*, Liège, 1999.

VERNUS Pascal et YOYOTTE Jean, *Le Bestiaire des pharaons*, Perrin et Agnès Viénot, Paris, 2005 (une mine encyclopédique pour tous les hiéroglyphes représentant les animaux).

Calligraphie et modèles manuscrits

FISCHER Henry George, *Ancient Egyptian Calligraphy*, Metropolitan Museum of Art, New York, 1999.

DITTMAR Johanna, *Hieroglyphen-Schreibfibel*, Leinfelden-Oberaichen, 1977.

OBSOMER Claude, *Égyptien hiéroglyphique. Exercices d'application (Cahier d'exercices)*, coll. « Langues et cultures anciennes » (LCA), Safran, Paris, 2009.

On trouve de très beaux modèles manuscrits dans les recueils de textes de A.H. Gardiner et de A.M. Blackman dans la *Bibliotheca Aegyptiaca* ainsi que dans les dictionnaires de R.O. Faulkner (*A concise dictionary of Middle Egyptian*, Griffith Institute, 1962) et de A. Erman et H. Grapow (*Ägyptisches Handwörterbuch*, Wissenschaftliche Buchgesellschaft, 1987).

Graphie des noms propres

DESSOUDEIX Michel, *Chronique de l'Égypte ancienne : les pharaons, leur règne, leurs contemporains*, Actes Sud, Paris, 2017.

CLAYTON Peter A., *Chronique des pharaons*, Casterman, Bruxelles/Paris, 1995.

McDONALD Angela, *Write Your Own Egyptian Hieroglyphs*, AUC, Cairo, 2013.

Du même auteur

GUGLIELMI Jean-Pierre, *L'Égyptien hiéroglyphique*, coll. « Sans Peine », Assimil, Chennevières-sur-Marne, 2012.

Création et réalisation : Lunedit

© 2019, Assimil
Dépôt légal : février 2019
N° d'édition : 4233 - janvier 2023
ISBN : 978-2-7005-0803-1

www.assimil.com
Imprimé en Roumanie par Tipografia Real